큰집 다이어리
Big House Diary

NAME : _____

입소일 : _____

출소일 : _____

이송기록

기 간	수용기관	사 유
ex) 2022. 01. 17 ~ 2023. 07. 31	서울구치소	구속

삶이 그대를 속일지라도

알렉산더 푸시킨

삶이 그대를 속일지라도
Если жизнь тебя обманет

슬퍼하거나 노여워 말라
Не печалься, не сердись

슬픈 날을 참고 견디면
В день уныния смирись

기쁜 날이 오리니
День веселья, верь, настанет

마음은 미래를 바라느니
Сердце в будущем живёт

현재는 한없이 우울한 것
Настоящее уныло

모든 것 하염없이 사라지나
Всё мгновенно, всё пройдет

지나간 것 그리움이 되리라
Что пройдёт, то будет мило

삶이 그대를 속일지라도
Если жизнь тебя обманет

2024

1월

일	월	화	수	목	금	토
	1	2	3	4	5	6
7	8	9	10	11	12	13
14	15	16	17	18	19	20
21	22	23	24	25	26	27
28	29	30	31			

2월

일	월	화	수	목	금	토
				1	2	3
4	5	6	7	8	9	10
11	12	13	14	15	16	17
18	19	20	21	22	23	24
25	26	27	28	29		

3월

일	월	화	수	목	금	토
					1	2
3	4	5	6	7	8	9
10	11	12	13	14	15	16
17	18	19	20	21	22	23
24	25	26	27	28	29	30
31						

4월

일	월	화	수	목	금	토
	1	2	3	4	5	6
7	8	9	10	11	12	13
14	15	16	17	18	19	20
21	22	23	24	25	26	27
28	29	30				

5월

일	월	화	수	목	금	토
			1	2	3	4
5	6	7	8	9	10	11
12	13	14	15	16	17	18
19	20	21	22	23	24	25
26	27	28	29	30	31	

6월

일	월	화	수	목	금	토
						1
2	3	4	5	6	7	8
9	10	11	12	13	14	15
16	17	18	19	20	21	22
23	24	25	26	27	28	29
30						

7월

일	월	화	수	목	금	토
	1	2	3	4	5	6
7	8	9	10	11	12	13
14	15	16	17	18	19	20
21	22	23	24	25	26	27
28	29	30	31			

8월

일	월	화	수	목	금	토
				1	2	3
4	5	6	7	8	9	10
11	12	13	14	15	16	17
18	19	20	21	22	23	24
25	26	27	28	29	30	31

9월

일	월	화	수	목	금	토
1	2	3	4	5	6	7
8	9	10	11	12	13	14
15	16	17	18	19	20	21
22	23	24	25	26	27	28
29	30					

10월

일	월	화	수	목	금	토
		1	2	3	4	5
6	7	8	9	10	11	12
13	14	15	16	17	18	19
20	21	22	23	24	25	26
27	28	29	30	31		

11월

일	월	화	수	목	금	토
					1	2
3	4	5	6	7	8	9
10	11	12	13	14	15	16
17	18	19	20	21	22	23
24	25	26	27	28	29	30

12월

일	월	화	수	목	금	토
1	2	3	4	5	6	7
8	9	10	11	12	13	14
15	16	17	18	19	20	21
22	23	24	25	26	27	28
29	30	31				

2025

1월

일	월	화	수	목	금	토
			1	2	3	4
5	6	7	8	9	10	11
12	13	14	15	16	17	18
19	20	21	22	23	24	25
26	27	28	29	30	31	

2월

일	월	화	수	목	금	토
						1
2	3	4	5	6	7	8
9	10	11	12	13	14	15
16	17	18	19	20	21	22
23	24	25	26	27	28	

3월

일	월	화	수	목	금	토
						1
2	3	4	5	6	7	8
9	10	11	12	13	14	15
16	17	18	19	20	21	22
23	24	25	26	27	28	29
30	31					

4월

일	월	화	수	목	금	토
		1	2	3	4	5
6	7	8	9	10	11	12
13	14	15	16	17	18	19
20	21	22	23	24	25	26
27	28	29	30			

5월

일	월	화	수	목	금	토
				1	2	3
4	5	6	7	8	9	10
11	12	13	14	15	16	17
18	19	20	21	22	23	24
25	26	27	28	29	30	31

6월

일	월	화	수	목	금	토
1	2	3	4	5	6	7
8	9	10	11	12	13	14
15	16	17	18	19	20	21
22	23	24	25	26	27	28
29	30					

7월

일	월	화	수	목	금	토
		1	2	3	4	5
6	7	8	9	10	11	12
13	14	15	16	17	18	19
20	21	22	23	24	25	26
27	28	29	30	31		

8월

일	월	화	수	목	금	토
					1	2
3	4	5	6	7	8	9
10	11	12	13	14	15	16
17	18	19	20	21	22	23
24	25	26	27	28	29	30
31						

9월

일	월	화	수	목	금	토
	1	2	3	4	5	6
7	8	9	10	11	12	13
14	15	16	17	18	19	20
21	22	23	24	25	26	27
28	29	30				

10월

일	월	화	수	목	금	토
			1	2	3	4
5	6	7	8	9	10	11
12	13	14	15	16	17	18
19	20	21	22	23	24	25
26	27	28	29	30	31	

11월

일	월	화	수	목	금	토
						1
2	3	4	5	6	7	8
9	10	11	12	13	14	15
16	17	18	19	20	21	22
23	24	25	26	27	28	29
30						

12월

일	월	화	수	목	금	토
	1	2	3	4	5	6
7	8	9	10	11	12	13
14	15	16	17	18	19	20
21	22	23	24	25	26	27
28	29	30	31			

2026

1월
일	월	화	수	목	금	토
				1	2	3
4	5	6	7	8	9	10
11	12	13	14	15	16	17
18	19	20	21	22	23	24
25	26	27	28	29	30	31

2월
일	월	화	수	목	금	토
1	2	3	4	5	6	7
8	9	10	11	12	13	14
15	16	17	18	19	20	21
22	23	24	25	26	27	28

3월
일	월	화	수	목	금	토
1	2	3	4	5	6	7
8	9	10	11	12	13	14
15	16	17	18	19	20	21
22	23	24	25	26	27	28
29	30	31				

4월
일	월	화	수	목	금	토
			1	2	3	4
5	6	7	8	9	10	11
12	13	14	15	16	17	18
19	20	21	22	23	24	25
26	27	28	29	30		

5월
일	월	화	수	목	금	토
					1	2
3	4	5	6	7	8	9
10	11	12	13	14	15	16
17	18	19	20	21	22	23
24	25	26	27	28	29	30
31						

6월
일	월	화	수	목	금	토
	1	2	3	4	5	6
7	8	9	10	11	12	13
14	15	16	17	18	19	20
21	22	23	24	25	26	27
28	29	30				

7월
일	월	화	수	목	금	토
			1	2	3	4
5	6	7	8	9	10	11
12	13	14	15	16	17	18
19	20	21	22	23	24	25
26	27	28	29	30	31	

8월
일	월	화	수	목	금	토
						1
2	3	4	5	6	7	8
9	10	11	12	13	14	15
16	17	18	19	20	21	22
23	24	25	26	27	28	29
30	31					

9월
일	월	화	수	목	금	토
		1	2	3	4	5
6	7	8	9	10	11	12
13	14	15	16	17	18	19
20	21	22	23	24	25	26
27	28	29	30			

10월
일	월	화	수	목	금	토
				1	2	3
4	5	6	7	8	9	10
11	12	13	14	15	16	17
18	19	20	21	22	23	24
25	26	27	28	29	30	31

11월
일	월	화	수	목	금	토
1	2	3	4	5	6	7
8	9	10	11	12	13	14
15	16	17	18	19	20	21
22	23	24	25	26	27	28
29	30					

12월
일	월	화	수	목	금	토
		1	2	3	4	5
6	7	8	9	10	11	12
13	14	15	16	17	18	19
20	21	22	23	24	25	26
27	28	29	30	31		

2027

1월
일	월	화	수	목	금	토
					1	2
3	4	5	6	7	8	9
10	11	12	13	14	15	16
17	18	19	20	21	22	23
24	25	26	27	28	29	30
31						

2월
일	월	화	수	목	금	토
	1	2	3	4	5	6
7	8	9	10	11	12	13
14	15	16	17	18	19	20
21	22	23	24	25	26	27
28						

3월
일	월	화	수	목	금	토
	1	2	3	4	5	6
7	8	9	10	11	12	13
14	15	16	17	18	19	20
21	22	23	24	25	26	27
28	29	30	31			

4월
일	월	화	수	목	금	토
				1	2	3
4	5	6	7	8	9	10
11	12	13	14	15	16	17
18	19	20	21	22	23	24
25	26	27	28	29	30	

5월
일	월	화	수	목	금	토
						1
2	3	4	5	6	7	8
9	10	11	12	13	14	15
16	17	18	19	20	21	22
23	24	25	26	27	28	29
30	31					

6월
일	월	화	수	목	금	토
		1	2	3	4	5
6	7	8	9	10	11	12
13	14	15	16	17	18	19
20	21	22	23	24	25	26
27	28	29	30			

7월
일	월	화	수	목	금	토
				1	2	3
4	5	6	7	8	9	10
11	12	13	14	15	16	17
18	19	20	21	22	23	24
25	26	27	28	29	30	31

8월
일	월	화	수	목	금	토
1	2	3	4	5	6	7
8	9	10	11	12	13	14
15	16	17	18	19	20	21
22	23	24	25	26	27	28
29	30	31				

9월
일	월	화	수	목	금	토
			1	2	3	4
5	6	7	8	9	10	11
12	13	14	15	16	17	18
19	20	21	22	23	24	25
26	27	28	29	30		

10월
일	월	화	수	목	금	토
					1	2
3	4	5	6	7	8	9
10	11	12	13	14	15	16
17	18	19	20	21	22	23
24	25	26	27	28	29	30
31						

11월
일	월	화	수	목	금	토
	1	2	3	4	5	6
7	8	9	10	11	12	13
14	15	16	17	18	19	20
21	22	23	24	25	26	27
28	29	30				

12월
일	월	화	수	목	금	토
			1	2	3	4
5	6	7	8	9	10	11
12	13	14	15	16	17	18
19	20	21	22	23	24	25
26	27	28	29	30	31	

2028

1월

일	월	화	수	목	금	토
						1
2	3	4	5	6	7	8
9	10	11	12	13	14	15
16	17	18	19	20	21	22
23	24	25	26	27	28	29
30	31					

2월

일	월	화	수	목	금	토
		1	2	3	4	5
6	7	8	9	10	11	12
13	14	15	16	17	18	19
20	21	22	23	24	25	26
27	28	29				

3월

일	월	화	수	목	금	토
			1	2	3	4
5	6	7	8	9	10	11
12	13	14	15	16	17	18
19	20	21	22	23	24	25
26	27	28	29	30	31	

4월

일	월	화	수	목	금	토
						1
2	3	4	5	6	7	8
9	10	11	12	13	14	15
16	17	18	19	20	21	22
23	24	25	26	27	28	29
30						

5월

일	월	화	수	목	금	토
	1	2	3	4	5	6
7	8	9	10	11	12	13
14	15	16	17	18	19	20
21	22	23	24	25	26	27
28	29	30	31			

6월

일	월	화	수	목	금	토
				1	2	3
4	5	6	7	8	9	10
11	12	13	14	15	16	17
18	19	20	21	22	23	24
25	26	27	28	29	30	

7월

일	월	화	수	목	금	토
						1
2	3	4	5	6	7	8
9	10	11	12	13	14	15
16	17	18	19	20	21	22
23	24	25	26	27	28	29
30	31					

8월

일	월	화	수	목	금	토
		1	2	3	4	5
6	7	8	9	10	11	12
13	14	15	16	17	18	19
20	21	22	23	24	25	26
27	28	29	30	31		

9월

일	월	화	수	목	금	토
					1	2
3	4	5	6	7	8	9
10	11	12	13	14	15	16
17	18	19	20	21	22	23
24	25	26	27	28	29	30

10월

일	월	화	수	목	금	토
1	2	3	4	5	6	7
8	9	10	11	12	13	14
15	16	17	18	19	20	21
22	23	24	25	26	27	28
29	30	31				

11월

일	월	화	수	목	금	토
			1	2	3	4
5	6	7	8	9	10	11
12	13	14	15	16	17	18
19	20	21	22	23	24	25
26	27	28	29	30		

12월

일	월	화	수	목	금	토
					1	2
3	4	5	6	7	8	9
10	11	12	13	14	15	16
17	18	19	20	21	22	23
24	25	26	27	28	29	30
31						

2024 . 1 . 20 목요일   D-day 769일

접 견 일 지	카리나, 채원이가 오전 10:30에 접견.
건 강 상 태	삼일째 화장실을 못가 발효유를 먹기 시작. D-1
금 일 식 단	반찬이 허술해 점심으로 훈제닭 1팩 + 진라면컵 먹음.
오늘의 운동	푸쉬업 100개, 턱걸이 50개, 달리기 20분 완료.
서 신 내 역	OO교도소 민철이에게 받음, 원영이에게 보냄(익일특급)

. . .  D-day

접견일지

건강상태

금일식단

오늘의 운동

서신내역

. . .  D-day

접견일지

건강상태

금일식단

오늘의 운동

서신내역

"당신의 삶을 살아라. 다른 사람의 꿈을 살아가지 마라." - 스티브 잡스

. . .  D-day

접견일지

건강상태

금일식단

오늘의 운동

서신내역

. . .  D-day

접견일지

건강상태

금일식단

오늘의 운동

서신내역

D-day

접견일지

건강상태

금일식단

오늘의 운동

서신내역

. . .   ☀ 🌧 ☁ 🌨 ⛈   D-day

접견일지

건강상태

금일식단

오늘의 운동

서신내역

"당신이 정말로 원하는 것을 얻기 위해서는 당신이 견뎌야 할 것을 견뎌야 한다." - 윈스턴 처칠

. . .  D-day

접견일지

건강상태

금일식단

오늘의 운동

서신내역

. . .  D-day

접견일지

건강상태

금일식단

오늘의 운동

서신내역

. . .  D-day

접견일지

건강상태

금일식단

오늘의 운동

서신내역

. . .  D-day

접견일지

건강상태

금일식단

오늘의 운동

서신내역

"인생에서 가장 중요한 것은 멈추지 않는 것이다." - 앨버트 아인슈타인

 D-day

접 견 일 지

건 강 상 태

금 일 식 단

오늘의 운동

서 신 내 역

. . .  D-day

접견일지

건강상태

금일식단

오늘의 운동

서신내역

. . .  D-day

접견일지

건강상태

금일식단

오늘의 운동

서신내역

☀ 🌧 ☁ 🌨 ⛈ D-day

접견일지

건강상태

금일식단

오늘의 운동

서신내역

"당신이 죽을 때까지 살아가는 것이 아니라, 당신이 살아있을 때 죽는 것이다." - 밥 딜런

. . .  D-day

접견일지

건강상태

금일식단

오늘의 운동

서신내역

. . .  D-day

접 견 일 지

건 강 상 태

금 일 식 단

오늘의 운동

서 신 내 역

. . .  D-day

접견일지

건강상태

금일식단

오늘의 운동

서신내역

. . .  D-day

| 접견일지 |
| 건강상태 |
| 금일식단 |
| 오늘의 운동 |
| 서신내역 |

"가장 큰 위험은 아무 위험도 감수하지 않는 것이다." - 제프 베조스

. . .  D-day

접견일지

건강상태

금일식단

오늘의 운동

서신내역

. . .  D-day

접견일지
건강상태
금일식단
오늘의 운동
서신내역

 D-day

접견일지

건강상태

금일식단

오늘의 운동

서신내역

. . .  D-day

접견일지

건강상태

금일식단

오늘의 운동

서신내역

"우리는 우리가 반복하는 것이다. 따라서, 탁월함은 행동이 아니라 습관이다." - 아리스토텔레스

. . .  D-day

접견일지

건강상태

금일식단

오늘의 운동

서신내역

 D-day

접견일지

건강상태

금일식단

오늘의 운동

서신내역

. . .  D-day

접견일지

건강상태

금일식단

오늘의 운동

서신내역

. . .  D-day

접견일지
건강상태
금일식단
오늘의 운동
서신내역

"가장 큰 위험은 위험을 감수하지 않는 것이다." - 마크 저커버그

. . .  D-day

접견일지
건강상태
금일식단
오늘의 운동
서신내역

. . .  D-day

접견일지
건강상태
금일식단
오늘의 운동
서신내역

. . .  D-day

접 견 일 지

건 강 상 태

금 일 식 단

오늘의 운동

서 신 내 역

. . .  D-day

접견일지

건강상태

금일식단

오늘의 운동

서신내역

"당신이 별들을 바라보지 않으면, 결코 별들을 잡을 수 없다." - 오스카 와일드

   D-day

접견일지

건강상태

금일식단

오늘의 운동

서신내역

. . .  D-day

접견일지

건강상태

금일식단

오늘의 운동

서신내역

. . .  D-day

접견일지

건강상태

금일식단

오늘의 운동

서신내역

. . .  D-day

접견일지

건강상태

금일식단

오늘의 운동

서신내역

"당신이 할 수 있다고 믿든, 할 수 없다고 믿든, 당신 말이 맞다." - 헨리 포드

. . .  D-day

접견일지

건강상태

금일식단

오늘의 운동

서신내역

. . .  D-day

접견일지
건강상태
금일식단
오늘의 운동
서신내역

. . .  D-day

접견일지

건강상태

금일식단

오늘의 운동

서신내역

. . .  D-day

접견일지

건강상태

금일식단

오늘의 운동

서신내역

"상호 존중은 서로 다른 배경을 가진 사람들 사이의 강력한 연결을 만든다." - 미상

 D-day

접견일지

건강상태

금일식단

오늘의 운동

서신내역

 D-day

접견일지

건강상태

금일식단

오늘의 운동

서신내역

. . .  D-day

접견일지

건강상태

금일식단

오늘의 운동

서신내역

. . .  D-day

접견일지	
건강상태	
금일식단	
오늘의 운동	
서신내역	

"진정한 지혜는 자신이 아무것도 모른다는 것을 아는 것에서 온다." - 소크라테스

. . .  D-day

접견일지

건강상태

금일식단

오늘의 운동

서신내역

. . .  D-day

접견일지

건강상태

금일식단

오늘의 운동

서신내역

. . .  D-day

접견일지

건강상태

금일식단

오늘의 운동

서신내역

. . .  D-day

접견일지

건강상태

금일식단

오늘의 운동

서신내역

"창의력은 지능이 재미있게 노는 것이다." - 앨버트 아인슈타인

. . .  D-day

접견일지

건강상태

금일식단

오늘의 운동

서신내역

. . .  D-day

접견일지

건강상태

금일식단

오늘의 운동

서신내역

. . .  D-day

접견일지

건강상태

금일식단

오늘의 운동

서신내역

. . .  D-day

접견일지

건강상태

금일식단

오늘의 운동

서신내역

"나 자신에게 충실하라." - 윌리엄 셰익스피어

. . .  D-day

접견일지

건강상태

금일식단

오늘의 운동

서신내역

. .  D-day

접견일지

건강상태

금일식단

오늘의 운동

서신내역

. . .  D-day

접견일지

건강상태

금일식단

오늘의 운동

서신내역

. . .  D-day

접견일지

건강상태

금일식단

오늘의 운동

서신내역

"교도소의 삶은 인간이 가장 극단적인 상황에서도 존엄성을 유지할 수 있다는 것을 증명한다." - 미상

. . .  D-day

접 견 일 지

건 강 상 태

금 일 식 단

오늘의 운동

서 신 내 역

. . .  D-day

접견일지

건강상태

금일식단

오늘의 운동

서신내역

. . .  D-day

접견일지

건강상태

금일식단

오늘의 운동

서신내역

. . .  D-day

접견일지

건강상태

금일식단

오늘의 운동

서신내역

"당신이 변화시킬 수 있는 것은 오직 당신 자신뿐이다, 그리고 이것이 세상을 변화시키는 첫걸음이다." - 마하트마 간디

 D-day

접견일지

건강상태

금일식단

오늘의 운동

서신내역

. . .  D-day

접견일지

건강상태

금일식단

오늘의 운동

서신내역

. . .  D-day

접견일지

건강상태

금일식단

오늘의 운동

서신내역

 D-day

접견일지	
건강상태	
금일식단	
오늘의 운동	
서신내역	

"교도소 벽은 자유를 가두기 위해 세워진 것이 아니라, 자유의 진정한 가치를 깨닫게 하기 위해 존재한다." - 미상

. . .  D-day

접 견 일 지

건 강 상 태

금 일 식 단

오늘의 운동

서 신 내 역

. . .  D-day

접견일지

건강상태

금일식단

오늘의 운동

서신내역

.　.　.  D-day

접견일지

건강상태

금일식단

오늘의 운동

서신내역

. . . ☀ 🌧 ☁ 🌨 ⛈   D-day

접견일지

건강상태

금일식단

오늘의 운동

서신내역

"교도소는 사회가 얼마나 잘 기능하는지의 척도가 아니라, 그것이 얼마나 실패했는지의 척도이다." - 미상

. . .  D-day

접 견 일 지

건 강 상 태

금 일 식 단

오늘의 운동

서 신 내 역

. . .  D-day

접견일지
건강상태
금일식단
오늘의 운동
서신내역

. . .  D-day

접견일지

건강상태

금일식단

오늘의 운동

서신내역

. . ☀ 🌧 ☁ 🌨 ⛈ D-day

접견일지

건강상태

금일식단

오늘의 운동

서신내역

"정의로운 사회는 모든 구성원이 공평하게 대우받는 사회이다." - 마틴 루터 킹 주니어

   D-day

접견일지

건강상태

금일식단

오늘의 운동

서신내역

. . .      D-day

접견일지

건강상태

금일식단

오늘의 운동

서신내역

. . .  D-day

접견일지

건강상태

금일식단

오늘의 운동

서신내역

☀ ⛈ ⛅ ❄ ⛈ D-day

접견일지

건강상태

금일식단

오늘의 운동

서신내역

"교정 시설은 범죄를 처벌하는 곳이 아니라, 새로운 시작을 위한 장소가 되어야 한다." - 미상

. . .  D-day

접견일지

건강상태

금일식단

오늘의 운동

서신내역

. . .  D-day

접 견 일 지

건 강 상 태

금 일 식 단

오늘의 운동

서 신 내 역

. . .  D-day

접견일지

건강상태

금일식단

오늘의 운동

서신내역

. . .  D-day

접견일지

건강상태

금일식단

오늘의 운동

서신내역

"교도소는 사회의 거울이다; 사회의 문제가 그곳에 반영된다." - 앙겔라 데이비스

. . .  D-day

접견일지

건강상태

금일식단

오늘의 운동

서신내역

.   .   .    D-day

접견일지

건강상태

금일식단

오늘의 운동

서신내역

. . .  D-day

접견일지

건강상태

금일식단

오늘의 운동

서신내역

. . .  D-day

접견일지
건강상태
금일식단
오늘의 운동
서신내역

"사람을 가두는 것은 그의 몸뿐만 아니라, 그의 정신과 영혼에도 영향을 미친다." - 미상

. . .  D-day

접견일지
건강상태
금일식단
오늘의 운동
서신내역

. . .  D-day

접견일지	
건강상태	
금일식단	
오늘의 운동	
서신내역	

. . .  D-day

접견일지

건강상태

금일식단

오늘의 운동

서신내역

. . .  D-day

접견일지

건강상태

금일식단

오늘의 운동

서신내역

"교도소에서의 시간은 인간을 망가뜨리거나, 새로 건설할 수 있는 기회가 될 수 있다." - 미상

 D-day

접견일지

건강상태

금일식단

오늘의 운동

서신내역

. . .      D-day

접견일지
건강상태
금일식단
오늘의 운동
서신내역

. . .      D-day

접견일지

건강상태

금일식단

오늘의 운동

서신내역

. . .  D-day

접견일지

건강상태

금일식단

오늘의 운동

서신내역

"가장 큰 영광은 결코 넘어지지 않는 것이 아니라, 매번 넘어질 때마다 일어나는 것이다." - 공자

. . .  D-day

접견일지

건강상태

금일식단

오늘의 운동

서신내역

. . .  D-day

접견일지

건강상태

금일식단

오늘의 운동

서신내역

. . .  D-day

접견일지

건강상태

금일식단

오늘의 운동

서신내역

. . .  D-day

접견일지

건강상태

금일식단

오늘의 운동

서신내역

"서로의 차이를 인정하고 이해하는 것이 진정한 공동체 정신의 기반이다." - 미상

. . .  D-day

접견일지

건강상태

금일식단

오늘의 운동

서신내역

. . .  D-day

접견일지

건강상태

금일식단

오늘의 운동

서신내역

. . .  D-day

접견일지

건강상태

금일식단

오늘의 운동

서신내역

D-day

접견일지

건강상태

금일식단

오늘의 운동

서신내역

"진정한 용기는 옳은 일을 선택하는 것에서 비롯된다. 특히 그것이 어려울 때." - 미상

. . .      D-day

접견일지

건강상태

금일식단

오늘의 운동

서신내역

. . .  D-day

접견일지

건강상태

금일식단

오늘의 운동

서신내역

 D-day

접견일지

건강상태

금일식단

오늘의 운동

서신내역

. . .  D-day

| 접견일지 |
| 건강상태 |
| 금일식단 |
| 오늘의 운동 |
| 서신내역 |

"인간은 그의 신체가 아닌, 그의 정신을 통해 자유를 찾을 수 있다." - 넬슨 만델라

. . .  D-day

접견일지

건강상태

금일식단

오늘의 운동

서신내역

 D-day

접견일지

건강상태

금일식단

오늘의 운동

서신내역

. . .  D-day

접견일지

건강상태

금일식단

오늘의 운동

서신내역

. . .   ☀ 🌧 ☁ 🌨 ⛈   D-day

접견일지

건강상태

금일식단

오늘의 운동

서신내역

"서로 다름을 인정하면서도 공통된 인간성을 찾아내는 것이 중요하다." - 미상

. . .  D-day

---

접견일지
건강상태
금일식단
오늘의 운동
서신내역

. . .  D-day

접견일지

건강상태

금일식단

오늘의 운동

서신내역

. . .  D-day

접 견 일 지

건 강 상 태

금 일 식 단

오늘의 운동

서 신 내 역

. . .  D-day

접견일지

건강상태

금일식단

오늘의 운동

서신내역

"다른 사람의 신발을 신어보지 않고서는 그들을 이해할 수 없다." - 미상

. . .  D-day

접견일지

건강상태

금일식단

오늘의 운동

서신내역

. . .  D-day

접견일지

건강상태

금일식단

오늘의 운동

서신내역

. . .  D-day

접견일지
건강상태
금일식단
오늘의 운동
서신내역

. . .  D-day

| 접견일지 |
| 건강상태 |
| 금일식단 |
| 오늘의 운동 |
| 서신내역 |

"감옥이 사람을 변화시킬 수는 없지만, 그들이 스스로 변화하기를 원한다면 도울 수는 있다." - 미상

. . .  D-day

접견일지

건강상태

금일식단

오늘의 운동

서신내역

. . .  D-day

| 접견일지 |
| 건강상태 |
| 금일식단 |
| 오늘의 운동 |
| 서신내역 |

. . .  D-day

접견일지

건강상태

금일식단

오늘의 운동

서신내역

. . .  D-day

| 접견일지 |
| 건강상태 |
| 금일식단 |
| 오늘의 운동 |
| 서신내역 |

"진정한 소통은 말하기보다 듣는 데에서 시작된다." - 스티븐 R. 코비

D-day

접 견 일 지

건 강 상 태

금 일 식 단

오늘의 운동

서 신 내 역

. . .  D-day

접견일지	
건강상태	
금일식단	
오늘의 운동	
서신내역	

 D-day

접견일지

건강상태

금일식단

오늘의 운동

서신내역

. . .  D-day

접견일지

건강상태

금일식단

오늘의 운동

서신내역

"변화는 두렵지만, 변화하지 않는 것은 더욱 두렵다." - 미상

. . .  D-day

접견일지

건강상태

금일식단

오늘의 운동

서신내역

. . .  D-day

접견일지

건강상태

금일식단

오늘의 운동

서신내역

. . .  D-day

접견일지

건강상태

금일식단

오늘의 운동

서신내역

. . .   D-day

접 견 일 지

건 강 상 태

금 일 식 단

오늘의 운동

서 신 내 역

"사회가 진정으로 성숙하려면, 그것은 교도소 내의 인간에 대한 대우에서 시작해야 한다." - 미상

. . .  D-day

접견일지

건강상태

금일식단

오늘의 운동

서신내역

. . .  D-day

접견일지

건강상태

금일식단

오늘의 운동

서신내역

. . .  D-day

접견일지

건강상태

금일식단

오늘의 운동

서신내역

. . .　　　☀️ 🌧️ ☁️ 🌨️ ⛈️　　　D-day

접견일지

건강상태

금일식단

오늘의 운동

서신내역

"서로에 대한 이해와 공감은 모든 강력한 커뮤니티의 핵심이다." - 미상

. . .  D-day

접견일지

건강상태

금일식단

오늘의 운동

서신내역

. . .  D-day

접견일지

건강상태

금일식단

오늘의 운동

서신내역

 D-day

접견일지

건강상태

금일식단

오늘의 운동

서신내역

　　　　　　　　　　　　　　　　　　　　　　　D-day

접견일지

건강상태

금일식단

오늘의 운동

서신내역

"서로를 이해하는 것은 서로를 사랑하는 것만큼 중요하다." - 미상

 D-day

접견일지

건강상태

금일식단

오늘의 운동

서신내역

. .  D-day

접견일지

건강상태

금일식단

오늘의 운동

서신내역

. . .  D-day

접견일지

건강상태

금일식단

오늘의 운동

서신내역

. . .  D-day

접견일지	
건강상태	
금일식단	
오늘의 운동	
서신내역	

"갈등은 대화와 이해를 통해 해결될 수 있다." - 미상

. . .  D-day

접견일지

건강상태

금일식단

오늘의 운동

서신내역

. . .  D-day

접견일지

건강상태

금일식단

오늘의 운동

서신내역

. . .  D-day

접견일지

건강상태

금일식단

오늘의 운동

서신내역

. . . ☀ 🌧 ☁ 🌨 ⛈   D-day

접견일지

건강상태

금일식단

오늘의 운동

서신내역

"자비는 강한 자의 징표이며, 약한 자의 약점이 아니다." - 오스카 와일드

. . .  D-day

접견일지

건강상태

금일식단

오늘의 운동

서신내역

. . .  D-day

접견일지

건강상태

금일식단

오늘의 운동

서신내역

. . .  D-day

접견일지
건강상태
금일식단
오늘의 운동
서신내역

. . .  D-day

접견일지

건강상태

금일식단

오늘의 운동

서신내역

"좋은 사회는 서로 돕고, 존중하며, 함께 성장하는 사람들로 이루어진다." - 미상

. . .  D-day

접견일지
건강상태
금일식단
오늘의 운동
서신내역

. . .  D-day

접견일지

건강상태

금일식단

오늘의 운동

서신내역

. . .  D-day

접견일지

건강상태

금일식단

오늘의 운동

서신내역

 D-day

접견일지

건강상태

금일식단

오늘의 운동

서신내역

"당신의 과거는 당신의 미래를 결정하지 않는다. 오직 당신의 현재가 그러하다." - 미상

. . .  D-day

접 견 일 지

건 강 상 태

금 일 식 단

오늘의 운동

서 신 내 역

. . .  D-day

접견일지

건강상태

금일식단

오늘의 운동

서신내역

 D-day

접견일지

건강상태

금일식단

오늘의 운동

서신내역

   D-day

접견일지

건강상태

금일식단

오늘의 운동

서신내역

"감옥은 사람을 변경시킬 수 없다. 변화는 오직 개인 스스로의 의지로만 가능하다." - 미상

. . .  D-day

접견일지

건강상태

금일식단

오늘의 운동

서신내역

. . .  D-day

접견일지

건강상태

금일식단

오늘의 운동

서신내역

 D-day

접견일지

건강상태

금일식단

오늘의 운동

서신내역

☀ 🌧 ☁ 🌨 ⛈　　　　　　　D-day

접견일지

건강상태

금일식단

오늘의 운동

서신내역

"진정한 개혁은 벽 안에서만이 아니라, 벽 밖의 사회에서도 일어나야 한다." - 미상

. . .  D-day

접 견 일 지

건 강 상 태

금 일 식 단

오늘의 운동

서 신 내 역

. . .  D-day

접견일지

건강상태

금일식단

오늘의 운동

서신내역

.   .      D-day

---

접견일지

건강상태

금일식단

오늘의 운동

서신내역

. . . ☀ 🌧 ⛅ 🌨 ⛈   D-day

접견일지

건강상태

금일식단

오늘의 운동

서신내역

170   "인생은 자전거를 타는 것과 같다. 균형을 유지하기 위해선 계속 움직여야 한다." - 앨버트 아인슈타인

. . .  D-day

접견일지
건강상태
금일식단
오늘의 운동
서신내역

. . .  D-day

접견일지

건강상태

금일식단

오늘의 운동

서신내역

. . .  D-day

| 접견일지 |
| 건강상태 |
| 금일식단 |
| 오늘의 운동 |
| 서신내역 |

. . .  D-day

접견일지

건강상태

금일식단

오늘의 운동

서신내역

"용기란 공포에 맞서는 것이 아니라 공포를 이겨내는 것이다." - 넬슨 만델라

. . .  D-day

접견일지

건강상태

금일식단

오늘의 운동

서신내역

. . .  D-day

접견일지

건강상태

금일식단

오늘의 운동

서신내역

. . .  D-day

접견일지

건강상태

금일식단

오늘의 운동

서신내역

. . .  D-day

접견일지

건강상태

금일식단

오늘의 운동

서신내역

"당신이 세상을 바꿀 수 없다면, 적어도 한 사람의 세계를 바꿔라." - 마더 테레사

. . .  D-day

접견일지

건강상태

금일식단

오늘의 운동

서신내역

. . .  D-day

접견일지

건강상태

금일식단

오늘의 운동

서신내역

. . .  D-day

---

접견일지

건강상태

금일식단

오늘의 운동

서신내역

. . .  D-day

접견일지

건강상태

금일식단

오늘의 운동

서신내역

"자신의 한계를 설정하는 것은 자신의 한계를 만드는 것이다." - T.S. 엘리엇

. . .  D-day

접견일지

건강상태

금일식단

오늘의 운동

서신내역

. . .  D-day

접견일지

건강상태

금일식단

오늘의 운동

서신내역

. . .  D-day

접견일지

건강상태

금일식단

오늘의 운동

서신내역

. . .  D-day

| 접견일지 |
| 건강상태 |
| 금일식단 |
| 오늘의 운동 |
| 서신내역 |

"어떤 일을 할 때는 전부 다 해라. 아니면 전혀 하지 마라." - 로버트 드 니로

. . .  D-day

접견일지

건강상태

금일식단

오늘의 운동

서신내역

. . .  D-day

접견일지

건강상태

금일식단

오늘의 운동

서신내역

 D-day

접견일지
건강상태
금일식단
오늘의 운동
서신내역

. . .  D-day

접견일지

건강상태

금일식단

오늘의 운동

서신내역

"가장 어려운 일들이 가장 보람 있는 일들이다." - **시어도어 루즈벨트**

. . .  D-day

접 견 일 지

건 강 상 태

금 일 식 단

오늘의 운동

서 신 내 역

. . .  D-day

접견일지

건강상태

금일식단

오늘의 운동

서신내역

 D-day

접 견 일 지

건 강 상 태

금 일 식 단

오늘의 운동

서 신 내 역

. . .  D-day

접견일지

건강상태

금일식단

오늘의 운동

서신내역

"당신이 할 수 있다고 생각하면 할 수 있다." - 나폴레옹 힐

. . .  D-day

접견일지

건강상태

금일식단

오늘의 운동

서신내역

D-day

접견일지

건강상태

금일식단

오늘의 운동

서신내역

. . .      D-day

접견일지

건강상태

금일식단

오늘의 운동

서신내역

.   .      D-day

| 접견일지 |
| 건강상태 |
| 금일식단 |
| 오늘의 운동 |
| 서신내역 |

"모든 성공의 비결은 간단하다: 단 한 번 더 시도해라." - 윈스턴 처칠

. . .  D-day

접견일지

건강상태

금일식단

오늘의 운동

서신내역

. .  D-day

접견일지

건강상태

금일식단

오늘의 운동

서신내역

. . .  D-day

접견일지

건강상태

금일식단

오늘의 운동

서신내역

. . .  D-day

접견일지

건강상태

금일식단

오늘의 운동

서신내역

"진정한 힘은 어려움을 극복하는 데서 나온다." - 프리드리히 니체

. . .  D-day

접견일지

건강상태

금일식단

오늘의 운동

서신내역

. . .  D-day

접견일지

건강상태

금일식단

오늘의 운동

서신내역

. . .  D-day

| 접견일지 |
| 건강상태 |
| 금일식단 |
| 오늘의 운동 |
| 서신내역 |

. . .  D-day

접견일지	
건강상태	
금일식단	
오늘의 운동	
서신내역	

"모든 큰 변화는 작은 행동들로부터 시작된다." - 미상

 D-day

접견일지

건강상태

금일식단

오늘의 운동

서신내역

. . .  D-day

접견일지

건강상태

금일식단

오늘의 운동

서신내역

 D-day

접견일지

건강상태

금일식단

오늘의 운동

서신내역

. . .  D-day

접견일지

건강상태

금일식단

오늘의 운동

서신내역

"서로에 대한 존중은 모든 강력한 관계의 기초이다." - 미상

. . .  D-day

접견일지

건강상태

금일식단

오늘의 운동

서신내역

.   .   .      D-day

접견일지

건강상태

금일식단

오늘의 운동

서신내역

. . .  D-day

접견일지

건강상태

금일식단

오늘의 운동

서신내역

. . .  D-day

접견일지

건강상태

금일식단

오늘의 운동

서신내역

"각각의 교도소 셀은 사회가 해결하지 못한 문제의 상징이다." - 엘드리지 클리버

. . .  D-day

접견일지

건강상태

금일식단

오늘의 운동

서신내역

. . .  D-day

접견일지

건강상태

금일식단

오늘의 운동

서신내역

 D-day

접견일지

건강상태

금일식단

오늘의 운동

서신내역

. . .  D-day

접견일지	
건강상태	
금일식단	
오늘의 운동	
서신내역	

"진정한 자유는 개인의 책임감에서 비롯된다." - F. 도스토옙스키

. . .  D-day

접견일지

건강상태

금일식단

오늘의 운동

서신내역

. . .  D-day

접견일지

건강상태

금일식단

오늘의 운동

서신내역

 D-day

접견일지

건강상태

금일식단

오늘의 운동

서신내역

. . .  D-day

접견일지

건강상태

금일식단

오늘의 운동

서신내역

"우리는 실패로부터 배우고, 그것을 통해 성장한다." - 미상

. . .  D-day

접견일지

건강상태

금일식단

오늘의 운동

서신내역

. . .  D-day

접견일지

건강상태

금일식단

오늘의 운동

서신내역

. . .  D-day

접견일지
건강상태
금일식단
오늘의 운동
서신내역

. . .  D-day

접견일지	
건강상태	
금일식단	
오늘의 운동	
서신내역	

"희망은 깊은 어둠 속에서도 빛을 발한다." - 미상

. .  D-day

접견일지

건강상태

금일식단

오늘의 운동

서신내역

. . .  D-day

접견일지

건강상태

금일식단

오늘의 운동

서신내역

. . .      D-day

접견일지
건강상태
금일식단
오늘의 운동
서신내역

. . .  D-day

접견일지	
건강상태	
금일식단	
오늘의 운동	
서신내역	

"내일은 언제나 오늘보다 나을 수 있다. 희망을 잃지 마세요." - 미상

. . .  D-day

접견일지

건강상태

금일식단

오늘의 운동

서신내역

. . .      D-day

접견일지

건강상태

금일식단

오늘의 운동

서신내역

. . .  D-day

접견일지

건강상태

금일식단

오늘의 운동

서신내역

.   .   .  D-day

접견일지

건강상태

금일식단

오늘의 운동

서신내역

"감옥은 사람을 가두는 것이 아니라, 사회의 문제를 가두는 것이다." - 미상

 D-day

| 접 견 일 지 |
| 건 강 상 태 |
| 금 일 식 단 |
| 오늘의 운동 |
| 서 신 내 역 |

. .  D-day

접견일지

건강상태

금일식단

오늘의 운동

서신내역

. . .  D-day

접견일지

건강상태

금일식단

오늘의 운동

서신내역

. . .  D-day

접견일지
건강상태
금일식단
오늘의 운동
서신내역

"범죄자를 처벌하는 것은 쉽지만, 그들을 개선시키는 것은 어렵다." - 미상

 D-day

접견일지

건강상태

금일식단

오늘의 운동

서신내역

. . .  D-day

접견일지	
건강상태	
금일식단	
오늘의 운동	
서신내역	

. . .  D-day

접 견 일 지

건 강 상 태

금 일 식 단

오늘의 운동

서 신 내 역

. . .  D-day

| 접견일지 |
| 건강상태 |
| 금일식단 |
| 오늘의 운동 |
| 서신내역 |

"감옥은 사람을 부수지만, 정신은 영원히 자유로울 수 있다." - 말콤 X

. . .  D-day

접견일지

건강상태

금일식단

오늘의 운동

서신내역

 D-day

접견일지

건강상태

금일식단

오늘의 운동

서신내역

. . .  D-day

접견일지

건강상태

금일식단

오늘의 운동

서신내역

. . .  D-day

접견일지

건강상태

금일식단

오늘의 운동

서신내역

"어두운 시간을 견뎌낸 후에만, 우리는 진정한 빛을 볼 수 있다." - 미상

 D-day

접견일지	
건강상태	
금일식단	
오늘의 운동	
서신내역	

.   .   .      D-day

접견일지

건강상태

금일식단

오늘의 운동

서신내역

. . .  D-day

| 접견일지 |
| 건강상태 |
| 금일식단 |
| 오늘의 운동 |
| 서신내역 |

. . .  D-day

접견일지

건강상태

금일식단

오늘의 운동

서신내역

"자유는 벽 뒤에 있지 않고, 우리의 마음속에 있다." - 미상

. . .  D-day

접견일지

건강상태

금일식단

오늘의 운동

서신내역

. . .  D-day

접견일지

건강상태

금일식단

오늘의 운동

서신내역

. . .  D-day

접견일지

건강상태

금일식단

오늘의 운동

서신내역

 D-day

접견일지	
건강상태	
금일식단	
오늘의 운동	
서신내역	

"가장 어두운 밤은 가장 밝은 별들을 낳는다." - 존 그린

 D-day

접견일지

건강상태

금일식단

오늘의 운동

서신내역

. . .  D-day

접견일지

건강상태

금일식단

오늘의 운동

서신내역

. . .  D-day

접 견 일 지

건 강 상 태

금 일 식 단

오늘의 운동

서 신 내 역

. . .  D-day

접견일지

건강상태

금일식단

오늘의 운동

서신내역

"인생은 공정하지 않다는 것을 조기에 받아들여라." - 빌 게이츠

. . .  D-day

접견일지

건강상태

금일식단

오늘의 운동

서신내역

. . .  D-day

접견일지

건강상태

금일식단

오늘의 운동

서신내역

. . .  D-day

접견일지

건강상태

금일식단

오늘의 운동

서신내역

. . .  D-day

접견일지

건강상태

금일식단

오늘의 운동

서신내역

"작은 기회로부터 종종 위대한 업적이 시작된다." - 데모스테네스

. . .  D-day

접견일지

건강상태

금일식단

오늘의 운동

서신내역

. . .  D-day

접견일지
건강상태
금일식단
오늘의 운동
서신내역

. . .  D-day

접견일지

건강상태

금일식단

오늘의 운동

서신내역

. . .  D-day

접견일지

건강상태

금일식단

오늘의 운동

서신내역

"진정한 용기는 두려움을 느끼되 그것을 정복하는 것이다." - 넬슨 만델라

. . .  D-day

접견일지

건강상태

금일식단

오늘의 운동

서신내역

. . .  D-day

접견일지

건강상태

금일식단

오늘의 운동

서신내역

. . .  D-day

접견일지

건강상태

금일식단

오늘의 운동

서신내역

. . .  D-day

접견일지

건강상태

금일식단

오늘의 운동

서신내역

"현재에 살며 미래를 준비하라." - 앨버트 아인슈타인

 D-day

접견일지

건강상태

금일식단

오늘의 운동

서신내역

. . .  D-day

접견일지

건강상태

금일식단

오늘의 운동

서신내역

. . .  D-day

접견일지

건강상태

금일식단

오늘의 운동

서신내역

. . .  D-day

접견일지

건강상태

금일식단

오늘의 운동

서신내역

"인생은 항상 두려움의 반대편에 있다." - 조지 애디어

. . .  D-day

접견일지

건강상태

금일식단

오늘의 운동

서신내역

. . .  D-day

접견일지

건강상태

금일식단

오늘의 운동

서신내역

. . .  D-day

접견일지

건강상태

금일식단

오늘의 운동

서신내역

. . .  D-day

접견일지

건강상태

금일식단

오늘의 운동

서신내역

"인내는 쓰지만 그 열매는 달다." - 아리스토텔레스

. . .  D-day

접견일지

건강상태

금일식단

오늘의 운동

서신내역

. . .  D-day

접견일지
건강상태
금일식단
오늘의 운동
서신내역

 D-day

접 견 일 지

건 강 상 태

금 일 식 단

오늘의 운동

서 신 내 역

. . . 　　　　D-day

---

접견일지

건강상태

금일식단

오늘의 운동

서신내역

"인생은 우리가 만들어가는 이야기이다." - 조앤 롤링

. . .  D-day

접견일지

건강상태

금일식단

오늘의 운동

서신내역

. . .  D-day

접견일지

건강상태

금일식단

오늘의 운동

서신내역

 D-day

접견일지

건강상태

금일식단

오늘의 운동

서신내역

. . .  D-day

접견일지

건강상태

금일식단

오늘의 운동

서신내역

"지식은 힘이다." - 프랜시스 베이컨

 D-day

접견일지

건강상태

금일식단

오늘의 운동

서신내역

. . .  D-day

접견일지

건강상태

금일식단

오늘의 운동

서신내역

. . .  D-day

접견일지

건강상태

금일식단

오늘의 운동

서신내역

. . .  D-day

---

접견일지

건강상태

금일식단

오늘의 운동

서신내역

"내일 할 수 있는 일을 오늘 하지 마라." - 마크 트웨인

. . .  D-day

접견일지

건강상태

금일식단

오늘의 운동

서신내역

 D-day

접견일지

건강상태

금일식단

오늘의 운동

서신내역

. . .  D-day

접견일지

건강상태

금일식단

오늘의 운동

서신내역

. . .  D-day

접견일지

건강상태

금일식단

오늘의 운동

서신내역

"무지는 행복의 적이다." - 벤자민 프랭클린

. . .  D-day

접견일지

건강상태

금일식단

오늘의 운동

서신내역

. . .  D-day

접견일지

건강상태

금일식단

오늘의 운동

서신내역

. . .  D-day

접견일지

건강상태

금일식단

오늘의 운동

서신내역

. . .  D-day

접견일지

건강상태

금일식단

오늘의 운동

서신내역

"행복은 습관이다, 그것을 몸에 익혀라." - 허버트 스펜서

 D-day

접견일지

건강상태

금일식단

오늘의 운동

서신내역

. . .  D-day

접견일지

건강상태

금일식단

오늘의 운동

서신내역

. . .  D-day

접견일지

건강상태

금일식단

오늘의 운동

서신내역

. . .  D-day

접견일지

건강상태

금일식단

오늘의 운동

서신내역

"아름다움은 단순함에 있다." - 존 러스킨

 D-day

접견일지

건강상태

금일식단

오늘의 운동

서신내역

. . .  D-day

접 견 일 지

건 강 상 태

금 일 식 단

오늘의 운동

서 신 내 역

. . .  D-day

접견일지	
건강상태	
금일식단	
오늘의 운동	
서신내역	

. . .  D-day

접견일지

건강상태

금일식단

오늘의 운동

서신내역

"꿈을 꾸는 것은 마음의 필요이다." - 파블로 피카소

. . .  D-day

접견일지

건강상태

금일식단

오늘의 운동

서신내역

. . .  D-day

접견일지

건강상태

금일식단

오늘의 운동

서신내역

. . .  D-day

접견일지

건강상태

금일식단

오늘의 운동

서신내역

. . .  D-day

접견일지

건강상태

금일식단

오늘의 운동

서신내역

"변화는 우리가 선택하는 것이다." - 버락 오바마

. . .  D-day

접견일지

건강상태

금일식단

오늘의 운동

서신내역

. . .  D-day

접견일지

건강상태

금일식단

오늘의 운동

서신내역

. . .  D-day

접견일지

건강상태

금일식단

오늘의 운동

서신내역

. . .  D-day

접견일지

건강상태

금일식단

오늘의 운동

서신내역

"실패는 성공의 어머니다." - 일본 속담

. . .  D-day

접견일지

건강상태

금일식단

오늘의 운동

서신내역

.   .   .      D-day

---

접견일지
건강상태
금일식단
오늘의 운동
서신내역

. . .  D-day

접견일지

건강상태

금일식단

오늘의 운동

서신내역

. . .  D-day

접견일지

건강상태

금일식단

오늘의 운동

서신내역

"시작이 반이다." - 아리스토텔레스

 D-day

접견일지

건강상태

금일식단

오늘의 운동

서신내역

. . .  D-day

접견일지

건강상태

금일식단

오늘의 운동

서신내역

. . .  D-day

접견일지

건강상태

금일식단

오늘의 운동

서신내역

. . .  D-day

접견일지

건강상태

금일식단

오늘의 운동

서신내역

"너 자신을 알라." - 소크라테스

. . .      D-day

접견일지

건강상태

금일식단

오늘의 운동

서신내역

. . .  D-day

접견일지

건강상태

금일식단

오늘의 운동

서신내역

. . .  D-day

접견일지

건강상태

금일식단

오늘의 운동

서신내역

 D-day

접견일지

건강상태

금일식단

오늘의 운동

서신내역

"성공은 최고의 복수다." - 프랭크 시나트라

. . .  D-day

접견일지

건강상태

금일식단

오늘의 운동

서신내역

. . .  D-day

접견일지

건강상태

금일식단

오늘의 운동

서신내역

. . .  D-day

접견일지

건강상태

금일식단

오늘의 운동

서신내역

D-day

접견일지	
건강상태	
금일식단	
오늘의 운동	
서신내역	

. . .  D-day

접견일지

건강상태

금일식단

오늘의 운동

서신내역

. . .  D-day

접견일지

건강상태

금일식단

오늘의 운동

서신내역

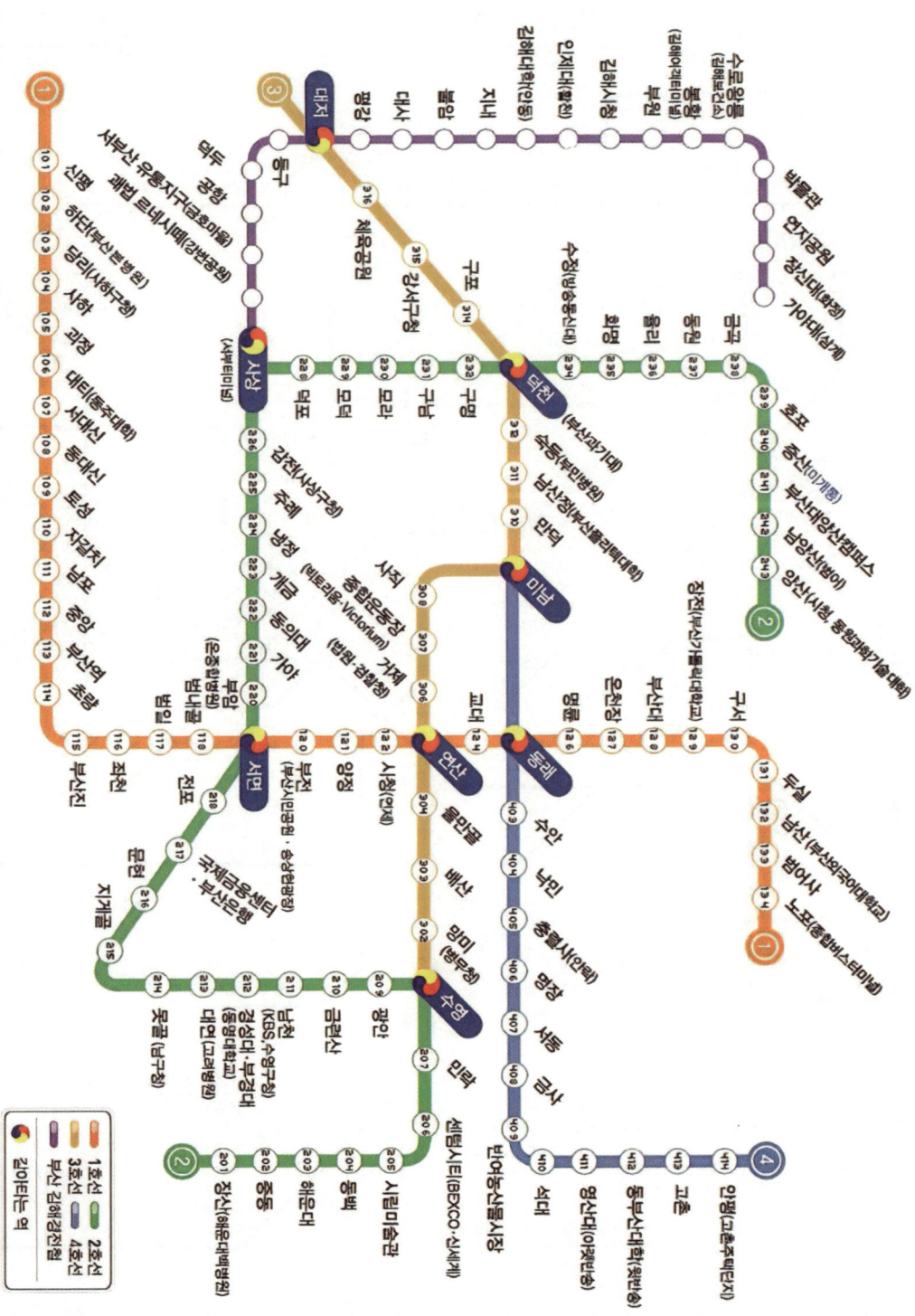

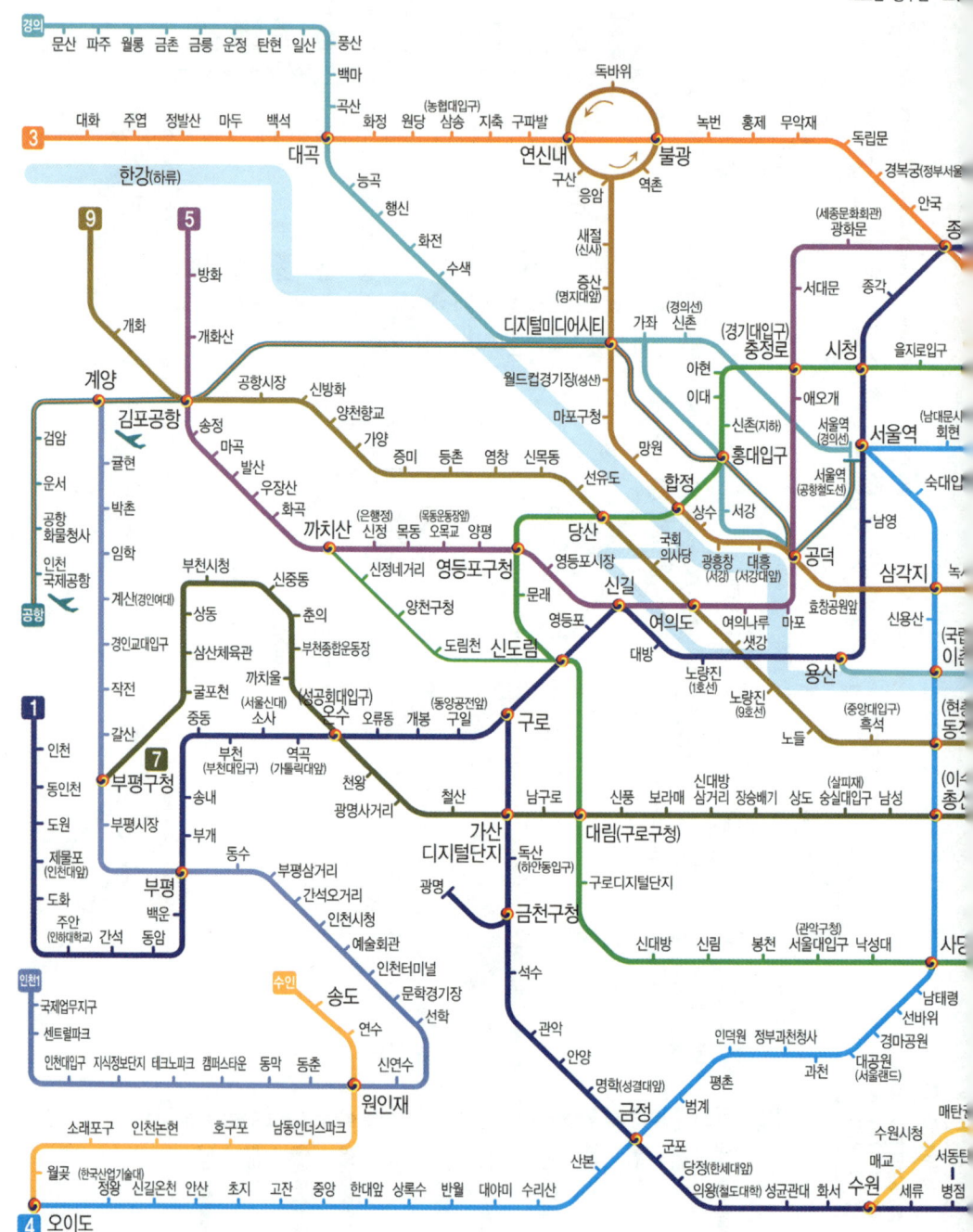

지도에 표시된 주요 지명(한국어 표기):

국가명
- 튀르키예
- 시리아
- 이라크
- 이란
- 투르크메니스탄
- 아프가니스탄
- 파키스탄
- 타지키스탄
- 사우디아라비아
- 쿠웨이트
- 바레인
- 카타르
- 아랍에미리트
- 오만
- 예멘
- 에리트레아
- 수단
- 에티오피아
- 소말리아
- 인도
- 네팔
- 스리랑카
- 몰디브

바다/해역
- 홍해
- 페르시아만
- 아덴만
- 오만만
- 아라비아해
- 소말리아해
- 벵골만

주요 산/산맥
- 오모강 ▲3418
- 바투산 4307
- 라스다샨산 4533
- 카프카스산맥
- 엘부르즈산맥
- 자그로스산맥
- 힌두쿠시산맥
- 술라이만산맥
- 파미르고원
- 카라코람산맥
- 티베트고원
- 히말라야산맥
- 에베레스트산 8848
- K2 8611

주요 도시
- 앙카라, 이스탄불
- 다마스쿠스, 알레포
- 바그다드, 바스라, 모술, 키르쿠크
- 테헤란, 마슈하드, 이스파한, 시라즈, 타브리즈
- 아슈하바트
- 카불, 칸다하르
- 이슬라마바드, 카라치, 라호르
- 리야드, 메카, 메디나, 제다
- 쿠웨이트
- 마나마
- 도하
- 아부다비, 두바이
- 무스카트
- 사나
- 아스마라
- 카르툼
- 아디스아바바
- 모가디슈
- 뉴델리, 델리, 뭄바이, 콜카타, 첸나이, 벵갈루루, 하이데라바드, 아마다바드
- 카트만두
- 콜롬보
- 말레

수치 정보
- 포트사이드~홀바(3046)
- 포트사이드~뭄바이(3894)
- 뭄바이~아덴(3481)
- 콜카타~콜롬보(1250)
- 스리랑카~페르시아만(5218)

하이라얼강
후룬베이얼
울란바토르
초이발산
몽골고원
대싱안링산맥
베이안
치치하얼
하바롭스크
자무쓰
유즈노사할린스크
다칭
우란하오터
하얼빈
지시
시호테알린산맥
만츄리아평원
시랴오강
창춘
지린
퉁랴오
홋카이도섬
블라디보스토크
삿포로
구시로
하코다테
츠펑
선양
나선(나진)
청진
백두산
2744
후룬다오
안산
압록강
개마고원
바오터우
후허하오터
베이징
신의주
라오둥반도
함흥
대한민국
스쭈이산
우타이산
3058
톈진
보하이해
한국만
평양
원산
오르도스사막
다롄
인촨
위린
스자좡
개성
사카타
센다이
동해
타이위안
지난
쯔보
옌타이
인천
서울
울릉도
독도
혼슈섬
세종
나가노
일본
황토고원
허우마
한단
황허
화베이평야
칭다오
황해
대전
대구
교토
나고야
도쿄
톈수이
정저우
롄윈
울산
시안
3767
타이바이산
쉬저우
신안가거초해양과학기지
(대한민국)
광주
부산
히로시마
오사카
대한해협
쉬저우
화이안
제주
한라산
제주도
1947
후쿠오카
고치
시코쿠섬
다바산
2797
안캉
난양
화이난
난징
나가사키
규슈섬
롄양
양쯔강
허페이
우시
이어도해양과학기지
(대한민국)
미야자키
난충
쑤저우
상하이
양쯔강협곡
우한
양쯔강
항저우
닝보
충칭
웨양
동중국해
창사
난창
원저우
아마미오섬
형양
핑샹
구이양
오키나와섬
나하
구이린고원
푸저우
구이린
취안저우
지룽
난세이제도(류큐제도)
바이써
우저우
광저우
사오관
타이베이
둥관
샤먼
타이완섬
난닝
위린
마카오
선전
산터우
가오슝
하노이
잔장
홍콩
하이퐁
레이저우반도
루손해협
통킹만
하이난섬
라오아그
남중국해
루손섬
필리핀해
다낭
바기오
필리핀
사이판섬
베트남
마닐라
민도로섬
필리핀제도
괌섬
호찌민
파나이섬
사마르섬
팔라완섬
일로일로
세부
레이테섬
스프래틀리군도
네그로스섬
보홀섬
싱가포르-요코하마 2904
술루해
민다나오섬
팔라우
보르네오해
키나발루산
4101
삼보앙가
다바오
멜레케오크
말레이시아
브루나이
술루제도
제너럴산토스
반다르세리베가완
싱가포르해협
타라칸
셀레베스해
쿠칭
보르네오섬
할마헤라섬
카푸아스강
고론탈로
트르나테
발릭파판
몰루카해
탄중판단
술라웨시섬
자야푸라
반자르마신
말루쿠제도
스람섬
스람해
푼착자야산
4884
암본
비스마르크해
자바해
말레이제도
파레파레
비스마르크산맥
자카르타
마카사르
반다해
마운틴하겐
고로카
스마랑
인도네시아
반둥
수라바야
수라카르타
뉴기니섬
동티모르

International 국제 Phone Code 전화번호

#	국가명(한글)	국제전화 번호	#	국가명(한글)	국제전화 번호
1	가나	233	27	스위스	41
2	괌	1671	28	스페인	34
3	그리스	30	29	핀란드	358
4	대만	886	30	슬로베니아	386
5	네덜란드	31	31	싱가포르	65
6	중국	86	32	홍콩	852
7	노르웨이	47	33	아르헨티나	54
8	뉴질랜드	64	34	아이슬란드	354
9	대한민국	82	35	아일랜드	353
10	덴마크	45	36	폴란드	48
11	독일	49	37	에콰도르	593
12	라오스	856	38	영국	44
13	러시아	7	39	오스트레일리아	61
14	캄보디아	855	40	포르투갈	351
15	마카오	853	41	요르단	962
16	말레이시아	60	42	우루과이	598
17	멕시코	52	43	우즈베키스탄	998
18	몽골	976	44	우크라이나	380
19	미국/캐나다	1	45	이라크	964
20	태국	66	46	이란	98
21	베트남	84	47	이스라엘	972
22	벨기에	32	48	이집트	20
23	프랑스	33	49	이탈리아	39
24	브라질	55	50	인도	91
25	필리핀	63	51	인도네시아	62
26	스웨덴	46	52	일본	81

local 국내 지역
Phone Code 전화번호

	지 역	전화번호
1	서 울	02
2	경 기	031
3	인 천	032
4	강 원	033
5	충 남	041
6	대 전	042
7	충 북	043
8	세 종	044
9	부 산	051
10	울 산	052
11	대 구	053
12	경 북	054
13	경 남	055
14	전 남	061
15	광 주	062
16	전 북	063
17	제 주	064

국가 통화코드

	국가/관할 구역	통화 명칭	통화 코드		국가/관할 구역	통화 명칭	통화 코드
1	아프가니스탄	아프가니	USD	21	덴마크	덴마크 크로네	DKK
2	아르헨티나	아르헨 페소	ARS	22	도미니카 공화국	도미니카 페소	DOP
3	호주	호주 달러	AUD	23	이집트	이집트 파운드	EGP
4	오스트리아	유로	EUR	24	잉글랜드	영국 파운드	GBP
5	벨라루스	루블	BYR	25	유럽	유로	EUR
6	벨기에	유로	EUR	26	핀란드	유로	EUR
7	볼리비아	볼리비아노	BOB	27	프랑스	유로	EUR
8	브라질	브라질 레알	BRL	28	독일	유로	EUR
9	불가리아	유로	EUR	29	가나	가나 세디	GHS
10	캄보디아	캄보디아 리엘	KHR	30	그리스	유로	EUR
11	캐나다	캐나다 달러	CAD	31	괌	US 달러	USD
12	베트남	베트남 동	VND	32	네덜란드	유로	EUR
13	칠레	칠레 페소	CLP	33	홍콩	홍콩 달러	HKD
14	중국	위안	RMB	34	헝가리	헝가리 포린트	HUF
15	콜롬비아	콜롬비아 페소	COP	35	인도	인도 루피	INR
16	콩고	세파 프랑	XAF	36	인도네시아	루피아	IDR
17	코스타리카	콜론	CRC	37	이라크	이라크 디나르	NID
18	크로아티아	유로	EUR	38	아일랜드 공화국	유로	EUR
19	쿠바	쿠바 페소	CU	39	이스라엘	이스라엘 셰켈	ILS
20	체코 공화국	체코 코루나	CZK	40	이탈리아	유로	EUR

	국가/관할 구역	통화 명칭	통화 코드		국가/관할 구역	통화 명칭	통화 코드
41	일본	일본 엔	JPY	61	세르비아	디나르	EUR
42	라오스	라오스 킵	LAK	62	싱가포르	싱가포르 달러	SGD
43	마카오	마카오 파타카	MOP	63	슬로바키아	유로	EUR
44	말레이시아	말레이 링깃	MYR	64	슬로베니아	유로	EUR
45	몰디브	몰디브 루피	MVR	65	남아프리카	란드	ZAR
46	멕시코	멕시코 페소	MXN	66	스페인	유로	EUR
47	몽골	몽골 투그릭	MNT	67	스웨덴	스웨덴 크로나	SEK
48	네덜란드	유로	EUR	68	스위스	스위스 프랑	CHF
49	뉴질랜드	뉴질랜드 달러	NZD	69	대만	대만 달러	TWD
50	북아일랜드	영국 파운드	GBP	70	태국	태국 바트	THB
51	노르웨이	크로네	NOK	71	터키	터키 리라	TRY
52	페루	페루 누에보솔	PEN	72	우크라이나	그리브나	UAH
53	필리핀	필리핀 페소	PHP	73	아랍에미리트	디르함	AED
54	폴란드	폴란드 즈워티	PLN	74	영국	영국 파운드	GBP
55	포르투갈	유로	EUR	75	미국	US 달러	USD
56	카타르	카타르 리얄	QAR	76	우즈베키스탄	솜	UZS
57	루마니아	루마니아 레우	ROL	77	웨일스	영국 파운드	GBP
58	러시아	러시아 루블	RUB	78	파나마	발보아	PAB
59	사우디아라비아	사우디 리얄	SAR	79	자메이카	자메이카 달러	JMD
60	스코틀랜드	영국 파운드	GBP	80	코소보	유로	EUR

대한민국 법원 주소록

법 원	주 소	우편번호
대법원	서울특별시 서초구 서초대로 219	06590
서울고등법원	서울특별시 서초구 서초중앙로 157	06594
서울중앙지방법원	서울특별시 서초구 서초중앙로 157 (서초동)	06594
서울동부지방법원	서울특별시 송파구 법원로 101 (문정동)	05856
서울남부지방법원	서울특별시 양천구 신월로 386(신정동)	08088
서울북부지방법원	서울시 도봉구 마들로749 (도봉2동 626)	01322
서울서부지방법원	서울특별시 마포구 마포대로 174 (공덕동)	04207
수원고등법원	경기도 수원시 영통구 법조로 105 (하동, 수원법원종합청사)	16512
의정부지방법원	경기도 의정부시 녹양로34번길 23 (가능동)	11616
인천지방법원	인천광역시 미추홀구 소성로 163번길17(학익동)	22220
수원지방법원	경기도 수원시 영통구 법조로 105 (하동, 수원법원종합청사)	16512
춘천지방법원	강원 춘천시 공지로 284 (효자2동)	24342
청주지방법원	충북 청주시 서원구 산남로62번길 51(산남동 505)	28624
대전고등법원	대전광역시 서구 둔산중로 78번길 45(둔산동)	35237
대전지방법원	대전광역시 서구 둔산중로 78번길 45 (둔산동)	35237
대구고등법원	대구광역시 수성구 동대구로 364	42027
대구지방법원	대구광역시 수성구 동대구로 364 (범어동 176-1)	42027
부산고등법원	부산광역시 연제구 법원로31(거제동 1500번지)	47510
부산지방법원	부산광역시 연제구 법원로 31	47510
울산지방법원	울산시 남구 법대로 55	44643
창원지방법원	경상남도 창원시 성산구 창이대로 681(사파동)	51456
광주고등법원	광주광역시 동구 준법로 7-12 (지산2동 342-1)	61441
광주지방법원	광주광역시 동구 준법로 7-12(지산동)	61441
전주지방법원	전라북도 전주시 덕진구 가인로 33, 전주지방법원 (만성동)	54867
제주지방법원	제주도 제주시 이도2동 남광북5길 3 (이도2동)	63223

대한민국 검찰청 주소록

법 원	주 소	우편번호
대검찰청	서울특별시 서초구 반포대로 157	06590
서울중앙지방검찰청	서울특별시 서초구 반포대로 158	06594
서울동부지방검찰청	서울특별시 송파구 정의로 30	05856
서울남부지방검찰청	서울특별시 양천구 신월로 390	08088
서울북부지방검찰청	서울특별시 도봉구 마들로 747	01322
서울서부지방검찰청	서울특별시 마포구 마포대로 174	04207
의정부지방검찰청	경기도 의정부시 녹양로34번길 23	11616
인천지방검찰청	인천광역시 미추홀구 소성로163번길 49	22220
춘천지방검찰청	강원도 춘천시 공지로 288	24342
수원지방검찰청	경기도 수원시 영통구 법조로91(하동)	16512
대전지방검찰청	대전광역시 서구 둔산중로78번길 15	35237
청주지방검찰청	충청북도 청주시 서원구 산남로70번길 51	28624
대구지방검찰청	대구광역시 수성구 동대구로 366	42027
부산지방검찰청	부산광역시 연제구 법원로 15	47510
울산지방검찰청	울산광역시 남구 법대로 45	44643
창원지방검찰청	경상남도 창원시 성산구 창이대로 669	51456
광주지방검찰청	광주광역시 동구 준법로 7-12	61441
전주지방검찰청	전주시 덕진구 가인로 11(덕진구 만성동 1258-1)	54867
제주지방검찰청	제주특별자치도 제주시 남광북5길 3	63223
국가인권위원회	서울시 중구 삼일대로 340 (저동1가) 나라키움 저동빌딩 10층~15층	04551
부산인권사무소	부산광역시 연제구 중앙대로 1000 (연산동 1422-8) 국민연금 부산회관 8층	47606
광주인권사무소	광주광역시 동구 금남로 154-1 주) 아모레퍼시픽 5층	61476
대구인권사무소	대구광역시 중구 국채보상로 648 (동인동2가 50-3번지) 호수빌딩 15층	41939
대전인권사무소	대전광역시 서구 문정로 48번길 30 (서구 탄방동 649번지) KT탄방타워 13층	35262
강원인권사무소	강원도 원주시 능라동길73, 4층(무실동, 대원신용협동조합)	26392
제주인권위원회출장소	제주시 중앙로 273 나라키움제주마루 2층	63210

도량형 환산표 (무게)

단 위	그램	킬로그램	톤	그레인	온스	파운드	돈	근	관
1g	1	0.001	0.000001	15.432	0.03527	0.0022	0.26666	0.00166	0.000266
1kg	1000	1	0.001	15432	35.273	2.20459	266.666	1.6666	0.26666
1t	1000000	1000	1	….	35273	2204.59	266666	1666.6	266.666
1grain	0.06479	0.00006	….	1	0.00228	0.00014	0.01726	0.00108	0.000017
1oz	28.3495	0.2835	0.000028	437.4	1	0.0625	7.56	0.0473	0.00756
1lb	453.592	0.45359	0..00045	7000	16	1	120.96	0.756	0.12096
1돈	3.75	0.00375	0.000004	57.872	0.1323	0.00827	1	0.00625	0.001
1근	600	0.6	0.0006	9259.556	21.1647	1.32279	160	1	0.16
1관	3750	3.75	0.00375	57872	132.28	8.2672	1000	6.25	1

도량형 환산표 (길이)

단 위	센티미터	미터	인치	피트	야드	마일	자	간	정	리
1cm	1	0.01	0.3937	0.0328	0.0109	….	0.033	0.0055	0.00009	….
1m	100	1	39.37	3.2808	1.0936	0.0006	3.3	0.55	0.00917	0.00025
1inch	2.54	0.0254	1	0.0833	0.0278	….	0.0838	0.014	0.0002	….
1ft	30.48	0.3048	12	1	0.3333	0.00019	1.0058	0.1676	0.0028	….
1yd	91.438	0.9144	36	3	1	0.0006	3.0175	0.5029	0.0083	0.0002
1mile	160930	1609.3	63360	5280	1760	1	5310.8	885.12	14.752	0.4098
1자	30.303	0.30303	11.93	0.09942	0.3314	0.0002	1	0.1667	0.0028	0.00008
1간	181.818	1.818	71.582	5.965	1.9884	0.0011	6	1	0.0167	0.0005
1정	10909	109.091	4294.9	357.91	119.304	0.0678	360	60	1	0.078
1리	392727	3927.27	154616	12885	4295	2.4403	12960	2160	36	1

도량형 환산표 (면적)

단위	평방자	평	단보	정보	평방미터	아르	평방피트	평방야드	에이커
1평방자	1	0.02778	0.00009	0.000009	0.09182	0.00091	0.98841	0.10982	....
1평	36	1	0.00333	0.00033	3.3058	0.03305	35.583	3.9537	0.00081
1단보	10800	300	1	0.1	991.74	9.9174	10674.9	1186.1	0.24506
1정보	108000	3000	10	1	9917.4	99.174	106794	11861	2.4506
1m²	10.89	0.3025	0.001008	0.0001	1	0.01	10.764	1.1958	0.00024
1a	1089	30.25	0.10083	0.01008	100	1	1076.4	119.58	0.02471
1평방피트	1.0117	0.0281	0.00009	0.000009	0.092903	0.000929	1	0.1111	0.000022
1평방야드	9.1055	0.25293	0.00084	0.00008	0.83613	0.00836	9	1	0.000207
1에이커	44071.2	1224.2	4.0806	0.40806	4049.8	40.468	43560	4840	1

도량형 환산표 (부피)

단위	홉	되	말	입방센치	입방미터	리터	입방인치	입방피트	입방야드	갤론
1홉	1	0.1	0.01	180.39	0.00018	0.18039	11.0041	0.0066	0.00023	0.04765
1되	10	1	0.1	1803.9	0.00180	1.8039	110.041	0.0637	0.00234	0.47656
1말	100	10	1	18039	0.01803	18.039	1100.41	0.63707	0.02359	4.76567
1입방센치	0.00554	0.00055	0.00005	1	0.00001	0.001	0.06102	0.00003	0.00001	0.00026
1입방미터	5543.52	554.325	55.4352	1000000	1	1000	61027	35.3165	1.30820	264.186
1리터	5.54352	0.55435	0.05543	1000	0.001	1	61.027	0.03531	0.00130	0.26418
1입방인치	0.09083	0.00908	0.00091	16.386	0.00001	0.01638	1	0.00057	0.00002	0.00432
1입방피트	156.966	15.6666	1.56966	28316.8	0.02831	28.3169	1728	1	0.03703	7.48051
1입방야드	4238.09	423.809	42.3809	764511	0.76451	764.511	46656	27	1	201.974
1갤론	20.9833	2.0983	0.20938	3785.43	0.00378	3.78543	231	0.13368	0.00495	1

교도소 은어 (隱語)

갈보-징역 (褐寶-懲役) ⑲ 장기 징역이 아닌 얼마 안 되는 징역을 말한다.

강짜 (强짜) ⑲ 전반적인 강력 범죄를 이르는 말.

관 (官) ⑲ 교도소를 통으로 줄여서 이렇게 부른다. 관이랑 싸운다고 하면, 계속 교도소나 교도관에게 요구하는 것부터 교도소와의 소송, 고소, 고발 등의 법리 싸움을 뜻한다.

담포 (淡袍) ⑲ 보온을 위해 씌우는 것. 콘돔이라고도 부르기도 한다.

물총 (물銃) ⑲ 성범죄 사범을 일컫는 말.

범-털 (犯털) ⑲ 부유하여 영치금이 빵빵한 사람을 일컫는 말.

범-치기 (犯치기) ⑲ 수용자들끼리의 물물교환 및 거래. 원칙적으로 불법이다.

법자 (法子) ⑲ 법무부의 자식이라는 뜻으로 사회에 보호자가 없어서 영치금이 없는 사람.

보복-검방 (報復檢房) ⑲ 검방은 원래 거실 내 부정물품을 소지했나 찾기 위해 뒤지는 걸 말하는데 괘씸죄로 교도관이 샅샅이 뒤지는 걸 뜻한다. 더 나가면 여기서 사소한 것도 규정 위반으로 징벌처분해 버린다.

비둘기 ⑲ 같은 소내 사람에게 몰래 정보 전달을 위해 글을 적은 쪽지나 편지. 이걸 전달하는 걸 '비둘기 날린다'라고 표현한다.

비둘기-장 ⑲ 검찰청 구치감. 구속되어 검찰 조사를 받게 되면 한번은 들르는 곳.

심리-붙다 (心裏-) ⑧ 법정 용어에서 유래되었다. 어떤 일에 대해 수용자들이 서로 논쟁하는 걸 말한다.

앞창-탄다 (前窓-) ⑧ 복도 쪽 창문가에 자리 잡고 앉아있는 걸 뜻한다. 주로 빵잡이 한다. 교도소마다 거실 형태가 다르지만 세로형이면 이렇게 자리 잡은 사람이 교도관이나 소지에게 말주고 받기 쉬워진다. (반대말 뒷창)

오뚝이 ⑲ (방언)전기온수기

임치 ⑲ 교도관과 관용부의 소지가 관리하에 수용자에게 구매물품을 나눠준다. (다른 말 소지) 요즘엔 안된다. 미결수 임치는 구매 물이 많고 구매물품이 들어오는 날짜에는 기결수인 관용부 소속 소지가 바쁘다.

징역-깨지다 [깨트리다] (懲役-割) ⑧ 수용생활 중 사고를 쳐 기존의 생활하던 곳에서 징벌방에 가거나 이송을 가는 것, 또는 타인에게 그러한 것을 가하는 행위.

짖다 (犬聲) ⑧ 수용자가 뭔가를 요구할 때 이렇게 표현한다. 교도관이나 의사, 의료과장, 관용부원 (소지)가 주 대상이다.

탕반기 ⑲ 밥을 비비거나 뿔면 등을 해먹을 때 목욕탕 등에서 사용하는 파란색 대야.

통방 (通房) ⑲ 다른 거실이나 공장의 수용자들끼리 교도관 몰래 대화를 주고받는 행위.

향 (向) ⑲ 마약사범. 대개 파란색 명찰이 붙는다. 그냥 뽕쟁이, 약 쟁이라고도 한다. 마약사범만 모아 놓은 거실을 향방이라고 한다.

깔 (刀) ⑲ 칼 대용품. 교도소에선 날붙이가 원칙적으로 금지되어 대부분의 생활용품이 플라스틱이다. 주로 AA 건전지나 전기면도기를 분해해서 만든다. 이걸로 옷을 수선하거나 종이 자를 때 쓴다. 예전 건전지로 갈고 갈았다면 건전지 전동 면도기를 나사 분해 후 철조각으로 사용하며 미결동 내의 수용자의 한해서 가능하다.

띵본다 ⑧ 망본다는 뜻이다. 플라스틱 거울을 망보기 위해 변형한 걸 띵채라고 한다.

빠꼼이 ⑲ 징역이나 특정 분야에 해박한 사람.

뿔면 ⑲ 뜨거운 물이 없는 교도소에서 라면을 먹기 위해 탄산음료나 물 등에 면을 오랜 시간 불려 먹는 비빔국수.

뻥끼통 (化粧室) ⑲ 화장실

추징금을 선고받고 영치금 계좌를 사용하는 방법

1. 자신의 추징금이 어디 검찰청에 속해 있는지 확인한다. (보통 재판이 끝나고 주소지 인근 검찰청으로 배정된다.)

2. 펜과 편지지를 가지고 해당 검찰청 추징 담당 직원에게 편지를 쓴다.

예시)

xxx 지방검찰청 추징금 담당자님께.

안녕하세요. 저는 OO 교도소에 수감 중인 xxx입니다.
교도소에서 의약품과 생필품 등을 구입하기 위해서 영치금을 사용해야 하는데 매달 들어오는 영치금이 생활에 필요한 정도만 겨우 들어오고 있습니다.

이런 이유로 최소한의 생활을 유지하기 위해서 한 달에 20만 원 정도의 영치금이 필요한데 매달 20만 원이 겨우 들어오고 있습니다.

그런 이유로 복역 중 영치금 계좌에 압류를 풀고, 최소한의 금액(1~5만 원)을 매달 영치금 계좌에서 추징금을 분할납부하게 허가해 주시면 감사하겠습니다.

꼭 출소를 해서 직업을 얻은 후 하루빨리 납부하도록 하겠습니다.

이런 식으로 편지를 쓰는데, 검찰청 담당자마다 성향이 달라 인용이 될지 안될지는 본인의 구구절절한 내용에 달려있다고 볼 수 있다. 인용이 될 경우 계좌번호를 알려주는데 계좌이체 보고전을 써서 매달 일정 금액(1~5만 원)을 납부하면 영치금 계좌에 압류가 들어오지 않는다.

*분할납부를 진행 중에도 가끔 영치금 계좌에 돈이 많거나 1년이 지날 때마다 압류를 하는 경우가 있으므로 영치금 계좌에 돈을 많이 보관하지 않는 편이 속 편하기는 하다.

*어떤 경우에는 추징금을 내지 않아도 몇 년간 단 한 번도 추징을 하지 않는 경우도 본 적 있다.

*출소 후에도 이런 식으로 각 담당자에게 전화를 해서 분할납부를 할 수 있다. 단, 1개의 통장만 압류를 풀어준다.

天 하늘 천	宇 집 우	日 날 일	辰 별 진	臨 임할 림	夙 일찍 숙	似 같을 사	如 같을 여
地 땅 지	宙 집 주	月 달 월	宿 잘 숙	深 깊을 심	興 일어날 흥	蘭 난초 란	松 소나무 송
玄 검을 현	洪 넓을 홍	盈 찰 영	列 벌일 렬	履 밟을 이	溫 따뜻할 온	斯 이 사	之 갈 지
黃 누를 황	荒 거칠 황	昃 기울 측	張 베풀 장	薄 엷을 박	淸 서늘할 청	馨 꽃다울 형	盛 성할 성
寒 찰 한	秋 가을 추	閏 윤달 윤	律 법칙 율	川 내 천	淵 못 연	容 얼굴 용	言 말씀 언
來 올 래	收 거둘 수	餘 남을 여	呂 법칙 려	流 흐를 류	澄 맑을 징	止 그칠 지	辭 말씀 사
暑 더울 서	冬 겨울 동	成 이룰 성	調 고를 조	不 아닐 불	取 취할 취	若 같을 약	安 편안 안
往 갈 왕	藏 감출 장	歲 해 세	陽 볕 양	息 쉴 식	映 비칠 영	思 생각할 사	定 정할 정
雲 구름 운	露 이슬 로	金 쇠 금	玉 구슬 옥	篤 도타울 독	愼 삼갈 신	榮 영화 영	籍 문서 적
騰 오를 등	結 맺을 결	生 날 생	出 날 출	初 처음 초	終 마칠 종	業 업 업	甚 심할 심
致 이를 치	爲 하 위	麗 고울 려	崑 산이름 곤	誠 정성 성	宜 마땅할 의	所 바 소	無 없을 무
雨 비 우	霜 서리 상	水 물 수	岡 산등성이 강	美 아름다울 미	令 하여금 령	基 터 기	竟 마침내 경
劍 칼 검	珠 구슬 주	果 열매 과	菜 나물 채	學 배울 학	攝 잡을 섭	存 있을 존	去 갈 거
號 부르짖을 호	稱 일컬을 칭	珍 보배 진	重 무거울 중	優 넉넉할 우	職 벼슬 직	以 써 이	而 말이을 이
巨 클 거	夜 밤 야	李 오얏 리	芥 겨자 개	登 오를 등	從 좇을 종	甘 달 감	益 더할 익
闕 대궐 궐	光 빛 광	柰 능금나무 내	薑 생강 강	仕 벼슬 사	政 정사 정	棠 아가위 당	詠 읊을 영
海 바다 해	鱗 비늘 인	龍 용 용	鳥 새 조	樂 풍류 악	禮 예도 예	上 위 상	夫 지아비 부
鹹 짤 함	潛 잠길 잠	師 스승 사	官 벼슬 관	殊 다를 수	別 다를 별	和 화할 화	唱 부를 창
河 강 하	羽 깃 우	火 불 화	人 사람 인	貴 귀할 귀	尊 높을 존	下 아래 하	婦 아내 부
淡 맑을 담	翔 날 상	帝 임금 제	皇 임금 황	賤 천할 천	卑 낮을 비	睦 화목할 목	隨 따를 수
始 비로소 시	乃 이에 내	推 밀 추	有 있을 유	外 바깥 외	入 들 입	諸 모두 제	猶 오히려 유
制 억제할 제	服 옷 복	位 자리 위	虞 근심할 우	受 받을 수	奉 받들 봉	姑 시어미니 고	子 아들 자
文 글월 문	衣 옷 의	讓 사양할 양	陶 질그릇 도	傅 스승 부	母 어미 모	伯 맏 백	比 견줄 비
字 글자 자	裳 치마 상	國 나라 국	唐 당황할 당	訓 가르칠 훈	儀 거동 의	叔 아재비 숙	兒 아이 아
弔 조상할 조	周 두루 주	坐 앉을 좌	垂 드리울 수	孔 구멍 공	同 한가지 동	交 사귈 교	切 끊을 절
民 백성 민	發 필 발	朝 아침 조	拱 맞잡을 공	懷 품을 회	氣 기운 기	友 벗 우	磨 갈 마
伐 칠 벌	殷 은나라 은	問 물을 문	平 평평할 평	兄 맏 형	連 닿을 련	投 던질 투	箴 경계 잠
罪 허물 죄	湯 끓을 탕	道 길 도	章 글 장	弟 아우 제	枝 가지 지	分 나눌 분	規 법 규
愛 사랑 애	臣 신하 신	遐 멀 하	率 거느릴 솔	仁 어질 인	造 지을 조	節 마디 절	顚 엎드릴 전
育 기를 육	伏 엎드릴 복	邇 가까울 이	賓 손 빈	慈 사랑 자	次 버금 차	義 옳을 의	沛 늪 패
黎 검을 려	戎 오랑캐 융	壹 한 일	歸 돌아올 귀	隱 숨을 은	弗 아닐 불	廉 청렴할 렴	匪 비적 비
首 머리 수	羌 종족이름 강	體 몸 체	王 임금 왕	惻 슬퍼할 측	離 떠날 리	退 물러날 퇴	虧 이지러질 휴
鳴 울 명	白 흰 백	化 될 화	賴 의지할 뢰	性 성품 성	心 마음 심	守 지킬 수	逐 쫓을 축
鳳 봉황새 봉	駒 망아지 구	被 입을 피	及 미칠 급	靜 고요할 정	動 움직일 동	眞 참 진	物 만물 물
在 있을 재	食 먹을 식	草 풀 초	萬 일만 만	情 뜻 정	神 귀신 신	志 뜻 지	意 뜻 의
樹 나무 수	場 마당 장	木 나무 목	方 모 방	逸 편안할 일	疲 피곤할 피	滿 찰 만	移 옮길 이
蓋 덮을 개	四 넉 사	恭 공손할 공	豈 어찌 기	堅 굳을 견	好 좋을 호	都 도읍 도	東 동녘 동
此 이 차	大 큰 대	惟 생각할 유	敢 감히 감	持 가질 지	爵 벼슬 작	邑 고을 읍	西 서녘 서
身 몸 신	五 다섯 오	鞠 공 국	毀 헐 훼	雅 맑을 아	自 스스로 자	華 빛날 화	二 두 이
髮 터럭 발	常 항상 상	養 기를 양	傷 상처 상	操 잡을 조	縻 고삐 미	夏 여름 하	京 서울 경
女 계집 여	男 사내 남	知 알 지	得 얻을 득	背 등 배	浮 뜰 부	宮 집 궁	樓 다락 누
慕 그릴 모	效 본받을 효	過 지날 과	能 능할 능	邙 북망산 망	渭 물이름 위	殿 전각 전	觀 볼 관
貞 곧을 정	才 재주 재	必 반드시 필	莫 없을 막	面 낯 면	據 근거 거	盤 소반 반	飛 날 비
潔 깨끗할 결	良 어질 량	改 고칠 개	忘 잊을 망	洛 물이름 락	涇 통할 경	鬱 울창할 울	驚 놀랄 경
罔 그물 망	靡 쓰러질 미	信 믿을 신	器 그릇 기	圖 그림 도	畵 그림 화	丙 남녘 병	甲 갑옷 갑
談 말씀 담	恃 믿을 시	使 부릴 사	欲 바랄 욕	寫 베낄 사	彩 채색 채	舍 집 사	帳 휘장 장
彼 저 피	己 몸 기	可 옳을 가	難 어려울 난	禽 날짐승 금	仙 신선 선	傍 곁 방	對 대할 대
短 짧을 단	長 길 장	覆 뒤집힐 복	量 헤아릴 량	獸 짐승 수	靈 신령 령	啓 열 계	楹 기둥 영
墨 먹 묵	詩 시 시	景 경치 경	克 이길 극	肆 방자할 사	鼓 북 고	陞 오를 승	弁 고깔 변
悲 슬플 비	讚 기릴 찬	行 다닐 행	念 생각할 념	筵 대자리 연	瑟 거문고 슬	階 섬돌 계	轉 구를 전
絲 실 사	羔 새끼양 고	維 벼리 유	作 지을 작	設 베풀 설	吹 불 취	納 들일 납	疑 의심할 의
染 물들 염	羊 양 양	賢 어질 현	聖 성인 성	席 자리 석	笙 생황 생	陛 섬돌 폐	星 별 성
德 덕 덕	形 형상 형	空 빌 공	虛 빌 허	右 오른 우	左 왼 좌	旣 이미 기	亦 또 역
建 세울 건	端 단정할 단	谷 골 곡	堂 집 당	通 통할 통	達 통달할 달	集 모을 집	聚 모을 취
名 이름 명	表 겉 표	傳 전할 전	習 익힐 습	廣 넓을 광	承 이을 승	墳 무덤 분	群 무리 군
立 설 립	正 바를 정	聲 소리 성	聽 들을 청	內 안 내	明 밝을 명	典 법 전	英 꽃부리 영
禍 재앙 화	福 복 복	尺 자 척	寸 마디 촌	杜 막을 두	漆 옻 칠	府 마을 부	路 길 로
因 인할 인	緣 인연 연	璧 구슬 벽	陰 그늘 음	稿 볏짚 고	書 글 서	羅 벌일 라	挾 낄 협
惡 악할 악	善 착할 선	非 아닐 비	是 바를 시	鍾 쇠북 종	壁 벽 벽	將 장수 장	槐 회나무 괴
積 쌓을 적	慶 경사 경	寶 보배 보	競 다툴 경	隸 종 예	經 지날 경	相 서로 상	卿 벼슬 경
資 재물 자	曰 가로 왈	孝 효도 효	忠 충성 충	戶 지게 호	家 집 가	高 높을 고	驅 몰 구
父 아비 부	嚴 엄할 엄	當 마땅할 당	則 법칙 칙	封 봉할 봉	給 줄 급	冠 갓 관	轂 바퀴통 곡
事 일 사	與 더불 여	竭 다할 갈	盡 다할 진	八 여덟 팔	千 일천 천	陪 모실 배	振 떨칠 진
君 임금 군	敬 공경할 경	力 힘 력	命 목숨 명	縣 고을 현	兵 군사 병	輦 가마 련	纓 갓끈 영

世 대 세	車 수레 거	策 꾀 책	勒 굴레 늑	陳 베풀 진	落 떨어질 낙	游 헤엄칠 유	凌 업신여길 릉
祿 녹록	駕 탈 가	功 공 공	碑 비석 비	根 뿌리 근	葉 잎 엽	鯤 곤이 곤	摩 갈 마
侈 사치할 치	肥 살찔 비	茂 무성할 무	刻 새길 각	委 맡길 위	飄 나부낄 표	獨 홀로 독	絳 진홍 강
富 부유할 부	輕 가벼울 경	實 열매 실	銘 새길 명	翳 가릴 예	颻 질풍 요	運 움직일 운	霄 하늘 소
磻 강이름 반	佐 도울 좌	奄 문득 엄	微 작을 미	耽 즐길 탐	寓 부칠 우	易 쉬울 이	屬 무리 속
溪 시내 계	時 때 시	宅 집 택	旦 아침 단	讀 읽을 독	目 눈 목	輶 가벼울 유	耳 귀 이
伊 저 이	阿 언덕 아	曲 굽을 곡	孰 누구 숙	翫 희롱할 완	囊 주머니 낭	攸 바 유	垣 담 원
尹 다스릴 윤	衡 저울대 형	阜 언덕 부	營 경영할 영	市 저자 시	箱 상자 상	畏 두려워할 외	墻 담장 장
桓 굳셀 환	濟 건널 제	綺 비단 기	說 말씀 설	寓 갖출 구	適 맞을 적	飽 배부를 포	饑 주릴 기
公 공평할 공	弱 약할 약	回 돌아올 회	感 느낄 감	膳 반찬 선	口 입 구	飫 물릴 어	厭 싫을 염
匡 바를 광	扶 도울 부	漢 한나라 한	武 호반 무	殖 저녁밥 손	充 가득할 충	烹 삶을 팽	糟 지게미 조
合 합할 합	傾 기울 경	惠 은혜 혜	丁 고무래 정	飯 밥 반	腸 창자 장	宰 재상 재	糠 겨 강
俊 준걸 준	多 많을 다	晉 진나라 진	趙 나라 조	親 친할 친	老 늙을 노	妾 첩 첩	侍 모실 시
乂 벨 예	士 선비 사	楚 초나라 초	魏 나라이름 위	戚 친척 척	少 적을 소	御 거느릴 어	巾 수건 건
密 빽빽할 밀	寔 이 식	更 다시 갱	困 곤할 곤	故 연고 고	異 다를 이	績 길삼할 적	帷 휘장 유
勿 말 물	寧 편안할 녕	霸 으뜸 패	橫 가로 횡	舊 옛 구	糧 양식 량	紡 길쌈 방	房 방 방
假 거짓 가	踐 밟을 천	何 어찌 하	韓 나라 한	執 흰비단 환	銀 은 은	晝 낮 주	藍 쪽 람
道 길 도	土 흙 토	遵 좇을 준	弊 폐단 폐	扇 부채 선	燭 촛불 촉	眠 잠잘 면	筍 죽순 순
滅 멸할 멸	會 모을 회	約 맺을 약	煩 번거로울 번	圓 둥글 원	煒 빨갈 위	夕 저녁 석	象 코끼리 상
虢 나라 괵	盟 맹세할 맹	法 법 법	刑 형벌 형	潔 깨끗할 결	煌 빛날 황	寐 잠잘 매	牀 평상 상
起 일어날 기	用 쓸 용	宣 베풀 선	馳 달릴 치	絃 악기줄 현	接 이을 접	矯 바로잡을 교	悅 기쁠 열
翦 자를 전	軍 군사 군	威 위엄 위	譽 기릴 예	歌 노래 가	杯 잔 배	手 손 수	豫 미리 예
頗 자못 파	最 가장 최	沙 모래 사	丹 붉을 단	酒 술 주	舉 들 거	頓 조아릴 돈	且 또 차
牧 칠 목	精 정할 정	漢 넓을 막	靑 푸를 청	讌 잔치 연	觴 잔 상	足 발 족	康 편안할 강
九 아홉 구	百 일백 백	嶽 큰산 악	禪 선 선	嫡 정실 적	祭 제사 제	稽 상고할 계	悚 두려울 송
州 고을 주	郡 고을 군	宗 마루 종	主 임금 주	後 뒤 후	祀 제사 사	顙 이마 상	懼 두려울 구
禹 임금 우	秦 나라 진	恒 항상 항	云 이를 운	嗣 이을 사	蒸 찔 증	再 다시 재	恐 두려울 공
跡 발자취 적	幷 아우를 병	岱 대산 대	亭 정자 정	續 이을 속	嘗 맛볼 상	拜 절 배	惶 두려울 황
雁 기러기 안	鷄 닭 계	崑 뫼 곤	鉅 클 거	賤 종이 전	顧 돌아볼 고	骸 뼈 해	執 잡을 집
門 문 문	田 밭 전	池 연못 지	野 들 야	牒 편지 첩	答 대답할 답	垢 때 구	熱 더울 열
紫 자주빛 자	赤 붉을 적	碣 비석 갈	洞 골짜기 동	簡 대쪽 간	審 살필 심	想 생각할 상	願 원할 원
塞 막힐 색	色 빛 색	石 돌 석	庭 뜰 정	要 중요할 요	詳 자세할 상	浴 목욕할 욕	凉 서늘할 량
曠 밝을 광	嚴 바위 암	治 다스릴 치	務 힘쓸 무	驢 당나귀 려	骸 놀랄 해	誅 벨 주	捕 잡을 포
遠 멀 원	峀 산굴 수	本 근본 본	玆 이 자	騾 노새 라	躍 뛸 약	斬 벨 참	獲 얻을 획
綿 솜 면	杳 아득할 묘	於 어조사 어	稼 심을 가	犢 송아지 독	超 뛰어넘을 초	賊 도둑 적	叛 배반할 반
邈 멀 막	冥 어두울 명	農 농사 농	穡 거둘 색	特 특별할 특	驤 머리들 양	盜 도둑 도	亡 망할 망
俶 비로소 숙	治 다스릴 치	稅 세금 세	勸 권할 권	布 베 포	秸 그루 체	恬 편안할 념	鈞 서른근 균
載 심을 재	藝 재주 예	熟 익을 숙	賞 상줄 상	射 쏠 사	琴 거문고 금	筆 붓 필	巧 공교할 교
南 남녘 남	黍 기장 서	貢 바칠 공	黜 내칠 출	僚 동료 료	阮 성씨 완	倫 인륜 륜	任 맡길 임
畝 이랑 묘	稷 피 직	新 새 신	陟 오를 척	丸 둥글 환	嘯 휘파람 소	紙 종이 지	釣 낚시 조
孟 맏 맹	史 역사 사	庶 여러 서	勞 일할 노	釋 해석할 석	竝 나란히 병	毛 터럭 모	工 장인 공
軻 수레 가	魚 물고기 어	幾 몇 기	謙 겸손할 겸	紛 어지러울 분	皆 다 개	施 베풀 시	嚬 찡그릴 빈
敦 도타울 돈	秉 잡을 병	中 가운데 중	謹 삼갈 근	利 이로울 리	佳 아름다울 가	淑 맑을 숙	姸 고울 연
素 바탕 소	直 곧을 직	庸 떳떳할 용	勅 칙서 칙	俗 풍속 속	妙 묘할 묘	姿 모양 자	笑 웃을 소
聆 들을 영	鑑 거울 감	貽 끼칠 이	勉 힘쓸 면	年 해 년	曦 햇빛 희	璇 옥 선	晦 그믐 회
音 소리 음	貌 모양 모	厥 그 궐	其 그 기	矢 화살 시	暉 빛 휘	璣 구슬 기	魄 넋 백
察 살필 찰	辨 분별할 변	嘉 아름다울 가	祗 공경할 지	每 매양 매	朗 밝을 낭	懸 매달 현	環 고리 환
理 다스릴 리	色 빛 색	猷 꾀할 유	植 심을 식	催 재촉할 최	耀 빛날 요	斡 돌 알	照 비칠 조
省 살필 성	寵 사랑할 총	殆 위태할 태	林 수풀 임	指 손가락 지	永 길 영	矩 모날 구	俯 구부릴 부
躬 몸 궁	增 더할 증	辱 욕될 욕	皐 언덕 고	薪 섶나무 신	綏 편안할 수	步 걸음 보	仰 우러를 앙
譏 나무랄 기	抗 겨룰 항	近 가까울 근	幸 다행 행	修 닦을 수	吉 길할 길	引 끌 인	廊 사랑채 랑
誡 경계할 계	極 다할 극	恥 부끄러울 치	卽 곧 즉	祐 복 우	邵 땅이름 소	領 거느릴 령	廟 사당 묘
寵 두 양	解 풀 해	索 찾을 색	沈 잠길 침	束 묶을 속	徘 어정거릴 배	孤 외로울 고	愚 어리석을 우
疎 트일 소	組 짤 조	居 살 거	默 잠잠할 묵	帶 띠 대	徊 머뭇거릴 회	陋 더러울 루	蒙 어두울 몽
見 볼 견	誰 누구 수	閑 한가할 한	寂 고요할 적	矜 자랑할 긍	瞻 볼 첨	寡 적을 과	等 등급 등
機 베틀 기	逼 핍박할 핍	處 곳 처	寥 쓸쓸할 요	莊 씩씩할 장	眺 바라볼 조	聞 들을 문	誚 꾸짖을 초
求 구할 구	散 흩을 산	欣 기쁠 흔	感 근심할 척	謂 이를 위	焉 어찌 언	助 도울 조	乎 어조사 호
古 옛 고	慮 생각할 려	奏 아뢸 주	謝 사례할 사	語 말씀 어	哉 어조사 재	者 놈 자	也 어조사 야
尋 찾을 심	逍 거닐 소	累 묶을 루	歡 기쁠 환	招 부를 초			
論 의논할 론	遙 멀 요	遣 보낼 견	招 부를 초				
渠 도랑 거	園 동산 원	枇 비파나무 비	梧 오동나무 오				
荷 연꽃 하	莽 우거질 망	杷 비파나무 파	桐 오동나무 동				
的 과녁 적	抽 뽑을 추	晩 늦을 만	早 일찍 조				
歷 지낼 역	條 가지 조	翠 푸를 취	凋 시들 조				

사서함주소록

구분	주소	우편번호
서울구치소	경기도 군포우체국사서함 20호	15829
	경기도 의왕시 안양판교로 143(포일동)	16001
안양교도소	경기도 안양우체국사서함 101호 (S3~S4)	14047
	경기도 안양시 동안구 경수대로508번길 42	14122
수원구치소	경기도 수원우체국사서함 17호	16487
	경기도 수원시 팔달구 팔달문로 176	16492
동부구치소	서울특별시 송파우체국사서함 177호	05661
	서울특별시 송파구 정의로 37	05857
인천구치소	인천광역시 남인천우체국사서함 343호	21552
	인천광역시 미추홀구 학익소로 30	22220
남부구치소	서울특별시 구로우체국사서함 164	08365
	서울특별시 구로구 금오로 865	08367
화성교도소	경기도 화성시 경기남양우체국사서함 3호 (직훈)	18258
	경기도 화성시 마도면 화성로 741	18539
여주교도소	경기도 여주우체국사서함 30호 (S1~S2)	12627
	경기도 여주시 가남읍 양화로 107	12655
의정부교도소	경기도 의정부시 의정부우체국사서함 99호 (S1~S2)	11778
	경기도 의정부시 송산로 1111-76	11797
남부교도소	서울특별시 서울구로우체국사서함 165 (S1~S2)	08365
	서울특별시 구로구 금오로 867	08367
춘천교도소	강원도 춘천시 춘천우체국사서함 69호 (S3~S4)	24364
	강원도 춘천시 동내면 신촌양지길 5	24406
원주교도소	강원도 원주시 원주우체국사서함 87호 (S3~S4)	26485
	강원도 원주시 북원로 2155	26383
강릉교도소	강릉시 강릉시 강릉우체국사서함 43호	25550
	강원도 강릉시 공제로 413-15	25522
영월교도소	강원도 영월군 영월우체국사서함 2호	26233
	강원도 영월군 영월읍 팔괴로 110-27	26240
강원북부교도소	강원도 속초시 속초우체국사서함 2호 (S1~S4)	24862
	강원도 속초시 동해대로4511번길 13	24802
수원구치소 평택	경기도 평택시 평택우체국사서함 6호	17895
	경기도 평택시 평남로 1046-10(동삭동)	17848
소망교도소	경기도 여주시 여주우체국사서함 23호 (S1~S2)	12627
	경기도 여주시 북내면 아가페길 140	12612
대구교도소	대구광역시 달서구 대구달서우체국사서함 7호	42731
	대구광역시 달성군 화원읍 비슬로 2624 (S3~S4)	42963
부산구치소	부산광역시 사상구 부산사상우체국사서함 58호	46974
	부산광역시 사상구 학장로 268	47016
청송1교도소	경북 청송군 진보면 진보우체국사서함 1호	37049
	경상북도 청송군 진보면 양정길 231 (S3~S4)	37402
부산교도소	부산시 강서구 부산강서우체국 사서함 50호	46700
	부산광역시 강서구 대저중앙로29번길 62 (S3~S4)	46700
창원교도소	경상남도 창원시 마산회원구 마산우체국사서함 7호	51304
	경상남도 창원시 마산회원구 송평로 39	51308
진주교도소	경상남도 진주시 진주우체국사서함 68호 (S3~S4)	52684
	경상남도 진주시 대곡면 월암로23번길 39	52604
포항교도소	경북 포항시 북구 흥해읍 포항흥해우체국사서함 2호	37542
	경상북도 포항시 북구 흥해읍 동해대로 1001	37565
대구구치소	대구광역시 수성구 대구수성우체국사서함 48호	42123
	대구광역시 수성구 달구벌대로 541길 36	42066
청송직훈소	경상북도 청송군 진보면 진보우체국사서함 2호	37402
	경북 청송군 진보면 진보로 215	37405
안동교도소	경상북도 안동시 풍산읍 안동풍산우체국사서함 1호	36621
	경상북도 안동시 풍산읍 경서로 4380-23 (S3~S4)	36621
청송2교도소	경상북도 청송군 진보면 진보우체국사서함 5호	37409
	경상북도 청송군 진보면 양정길 110 (S3~S4)	37402
김천소년교도소	경상북도 김천시 김천우체국사서함 12호	39590
	경상북도 김천시 영남대로 1968	39655
청송3교도소	경상북도 청송군 진보면 진보우체국사서함 3호 (S3~S4)	37409
	경상북도 청송군 진보읍 양정길 231	37402
울산구치소	울산광역시 울주군 온양읍 울산온양우체국사서함 1호	44974
	울산광역시 울주군 청량읍 청량천변로 103-9	44960
경주교도소	경상북도 경주시 경주우체국사서함 45호 (S1~S2)	38153
	경상북도 경주시 내남면 포석로 550	38197
통영구치소	경상남도 통영시 통영우체국사서함 17호	53043
	경상남도 통영시 용남면 용남해안로 277	53029
밀양구치소	경상남도 밀양시 밀양우체국사서함 8호	50445
	경상남도 밀양시 부북읍 춘화로 124	50403
상주교도소	경북 상주시 상주우체국사서함 20호 (S1~S2)	37190
	경상북도 상주시 사벌국면 목가2길 130	37123
대전교도소	대전광역시 유성구 유성우체국사서함 136호	34186
	대전광역시 유성구 한우물로 66번길 6 (S3~S4)	34222
천안개방소	충청남도 천안시 천안우체국사서함 36호 (S1)	31198
	충청남도 천안시 서북구 신당새터1길 1	31082
청주교도소 부속의원	충청북도 청주시 서청주우체국사서함 100호	28426
	충청북도 청주시 서원구 청남로 1887번길 49	28634
천안교도소	충남 천안시 서북구 성환읍 성환우체국사서함 20호	31016
	충청남도 천안시 서북구 성거읍 천일고1길 127	31051
(여)청주교도소	충청북도 청주시 서청주우체국사서함 145호	28426
	충청북도 청주시 서원구 청남로 1887번길 78	28634
공주교도소	충청남도 공주시 공주우체국사서함 13호	32546
	충청남도 공주시 장기로 21-45	32589
충주구치소	충청북도 충주시 엄정면 엄정우체국사서함 1호	27313
	충청북도 충주시 산척면 천등박달로 222	27315
홍성교도소	충청남도 홍성군 홍성우체국사서함 9호	32247
	충청남도 홍성군 홍성읍 충서로1245 (S1~S2)	32244
홍성서산소	충청남도 서산시 성연면 성연우체국사서함 1호	31930
	충청남도 서산시 성연면 두치로 343	31930
대전논산소	충청남도 논산시 성동면 성동우체국사서함 1호	32927
	충청남도 논산시 성동면 금백로 662-19	32928
광주교도소	광주시 북구 북광주우체국사서함 63호 (S3~S4)	61124
	광주광역시 북구 동문대로 261	61135
전주교도소	전라북도 전주시 전주우체국사서함 72호 (S3~S4)	55128
	전라북도 전주시 완산구 구이로 2034	55128
순천교도소	전라남도 순천시 순천우체국사서함 9호	57987
	전라남도 순천시 서면 백강로 790	57905
목포교도소	전라남도 무안군 일로읍 일로우체국사서함 1호	58574
	전남 무안군 일로읍 일로중앙로 78 (S3~S4)	58574
군산교도소	전라북도 군산시 군산우체국사서함 10호 (S1~S2)	54025
	전라북도 군산시 옥구읍 할미로 127	54172
제주교도소	제주특별자치도 제주시 제주우체국사서함 161호	63166
	제주특별자치도 제주시 정실동길 51	63147
장흥교도소	전라남도 장흥군 장흥읍 장흥우체국사서함 1호	59328
	전라남도 장흥군 용산면 장흥대로 2667 (S1~S2)	59345
해남교도소	전라남도 해남군 해남우체국사서함 6호 (S1~S2)	59027
	전라남도 해남군 옥천면 해남로 521	59021
정읍교도소	전라북도 정읍우체국사서함 1호 (S3~S4)	56163
	전라북도 정읍시 소성면 저동길 45	56213
거창구치소	경상남도 거창군 거창우체국사서함 1호	50132
	경상남도 거창군 거창읍 거열산성로 73	50130

※ 기재되있는 급수는 2022년도 기준입니다. 절대적인 기준은 아니니 참고만 부탁드립니다.

큰집 다이어리 - Big House Diary
만년 다이어리, 편리한 휴대

최하목 지음 | 360P | 19,800원

프리미엄 이테리 가죽원단과 국산 고급 내지를 사용하여 부드러운 촉감과 우수한 내구성 및 훌륭한 필기감을 선사합니다. 수용자에게 맞춰진 다이어리로 수용생활 중 필요한 내용으로 알차게 구성되어 있습니다.

PRISON(월간지)
수용자 전용 화보집

백스크레쳐 편집부 지음 | 360P | 19,800원

수용자들을 위한 정보, 아찔한 화보, 유머글, 스포츠 일정 및 법률정보 등 다양한 컨텐츠를 제공하는 잡지입니다.

담장너머
편지를 쓰거나 공부를 할 때 유용한 板 책

최하목 지음 | 360P | 19,800원

하드커버를 사용하여 책받침으로도 사용 가능한 담장너머는 포브스가 선정한 세계 7대명소, 4K 초고화질 세계지도, 각종 문서 양식 및 주소록을 삽입하여 보다 편리하고 유용한 수용자 맞춤형 도서 입니다.

참고용 이미지

Chat GPT가 만든 영어 단어 3000자
원어민이 하루평균 가장많이 쓰는 단어

백스크레쳐 편집부 지음 | 360P | 19,800원

- 24년 1분기 출시 예정

미래 : 큰집 다이어리
Future : Big House Diary

초판 1쇄 발행 2023년 12월 01일

지은이 최한별
펴낸이 백스크레쳐 대표

편집 우경호
디자인 최한별
제작 백스크레쳐 출판사   **제작처** 인쇄소 천일문화사

펴낸곳 Back Scratcher
출판등록 2023년 01월 30일 제 2023-000001 호
주소 강원도 춘천시 춘천로 188 (효자동) 210, 211호
전자우편 chm5008@Icloud.com   **전화** 010-2396-4336 |

copyright ⓒ 최한별, 2023, Printed in Korea
ISBN 979-11-982075-8-6 17650

- 이 책은 저작권법에 따라 보호받는 저작물이므로 무단 전재와 무단 복제를 금합니다.
- 잘못 만들어진 책은 구입한 곳에서 교환해드립니다.

	이 름	주 소	전화번호
1	최하목	춘천시 서부대성로 100번길 728 두산아파트	010-1234-5678
2			
3			
4			
5			
6			
7			
8			
9			
10			
11			
12			
13			
14			
15			
16			
17			
18			
19			
20			
21			
22			
23			
24			

	이 름	주 소	전화번호
1			
2			
3			
4			
5			
6			
7			
8			
9			
10			
11			
12			
13			
14			
15			
16			
17			
18			
19			
20			
21			
22			
23			
24			